女子にあまったお金はない

なっちゃん、涙の配属日記

ゆうちょ銀行
青山直子

女子にあまったお金はない　もくじ

登場人物紹介

秋山奈津子（なっちゃん）
ミヨシ広告営業第五部所属の新人。本編の主人公。通称「なっちゃん」。楽天主義で社交的（ただし、わりと泣く）。若干の妄想癖がある。持ち前の明るさで第一志望のミヨシ広告に就職したが…。大学時代の親友、大田佳美（よっちゃん）、片岡ゆかり（ゆかりん）とは親交が続いており、よき相談相手でもある。

山口
なっちゃんの職場の先輩で指導役。関西出身の世話焼きの人情家だが、プレッシャーに弱いところがある。一部の同僚から「グチヤマ」と呼ばれている。

天野恵理子

なっちゃんのクライアント（担当先）で、うらら銀行マーケティング部所属。顧客向け投資パンフレットの制作担当。責任感が強く仕事に対する姿勢は厳しいが、人の意見に耳を傾ける懐の広さがある。なっちゃんのお姉さん役でもある。

香坂泰子

うらら銀行資産運用調査室所属。ショートヘアとよく通る声が印象的。投資信託販売の高い理想を持っているが、それゆえに話が長過ぎるのが玉にキズ。天野さんと一緒にパンフレットの制作に携わる。

デザイン　松田行正＋山田和寛
イラストレーション　伊藤ちづる

プロローグ

就職先は第一志望（涙）

「ゆかりん、なっちゃんね、広告代理店に内定したんだって」

「広告代理店？　華やかそう。なっちゃんに合ってるね」

「でも、担当の業界とか業務によって雰囲気違いそうじゃない？　あ、マスターさん、ビアモーニと梅酒、おかわりお願いします」

カウンターの向こうから返事。「はい」

「よっちゃん、ここ、感じのいいお店だね。『ROUND』っていうの？」

「いいでしょ。こぢんまりしてて。大学帰りに、入口の感じがなんとなく良かったから、一人で入ってカウンターでビアモーニを頼んでレポートを読んでたの。そしたら、マスターさんが、私がいる席だけ灯りを明るくしてくれて、それから私の行きつけのお店。といっても、収入はバイト代だから、月に2～3回だけどね」

「いつもジャズが流れてるの？　よっちゃんジャズに詳しかったっけ？」

「知ってる曲もあるけど、ほとんど知らない曲。お客さんはジャズの好きな人が多いみたい。ほら、壁にCDよりずっと大きいジャケットあるでしょ。昔のLPレコードっていうものなの。そんな古めかしい感じも好きなの」

「ふぅん。それで、よっちゃんはやっぱり研究続けるの？」

「うん。大学院は実家から遠すぎて、近いアパートに引っ越したけど、一人暮らししてみて、あれこれお金かかることがよくわかった。ゆかりんは？　まだ寮？」

「寮は出て、私も一人暮らし。看護師だから、風邪ひいちゃいけないじゃない。風邪ひいてなくてもいつもマスクと手洗いしてるけど、食生活もちゃんとしないといけなくて、自己管理って難しいなぁって思ってるよ。よっちゃんバイトは？」

「家庭教師と、大学内のコンビニ。大学院、親に反対されてたから、学費も自分でなんとかしないといけないし、まずは節約生活だね。でも、先々のこともちゃんと考えたほうがいいんじゃないかと思ってる。去年、母親が入院した時に、将来の介護のこととか、心配になった。このビアモーニ一杯も、今、飲むか、将来のためにがまんして飲まないでいるか…ゆかりんのシフトが不規則だから、会える時は飲むけどね」

「お母さん、もう平気なの？」

「うん。もう大丈夫だけど、保険の手続とか結構難しくて」

「保険っていえばこの間、うちの病院で、みんな入るようにって保険の説明会があったよ。保険は若い時に入ったほうが安いっていうんだけど、自分に合ってるのかどうかわからなくて…先輩に聞いても、お金の話となると、なんかしにくいっていうか…」

「わかる。お金のことって、触れてはいけない感じがする。生活事情に触れるって感じがするから」

「先輩看護師に聞いた時、『ギラギラした話は苦手』って言われて、もうよした。かといって、銀行も証券会社も、何を聞いたらいいのかもわからないから行けないし。まとまったお金があるわけではないのに何を相談しにいくのか、って感じしない？雑誌に書いてあると、みんなどうしてるのかなぁって思って読むけど」

「ゆかりんそういうの、読む？　私は読まないな」

「どうして？」

「ん…　なんていうか、今どきのＯＬのケースじゃない。私は研究続けていきたいから、ひとごとにしか感じないっていうか…。それより、なっちゃんの配属決まったら、ゆかりんの日勤の時に、三人で集まってお祝いしないとね」

私は秋山奈津子。文学部広報メディア学科を卒業して広告代理店に就職した。就職試験面接は50社受けた。ウチの会社はそのうち3社目だったけど、内定が一番早く出た。最初からウチの会社、ミヨシ広告が第一志望だったから超嬉しかった。少しも迷わなかった。

よっちゃんに、内定の知らせを受け取ってすぐに電話した。親友の大田佳美、よっちゃんは大学を卒業して大学院に進学した。背が高くて色白で物静かなよっちゃんは、その雰囲気とはちょっと違って物理学専攻。肌が白くてきれいな顔立ちにちょっと不釣合いなぼさっとした髪は学者風。歴女、鉄子に因んで、「よっちゃんは『物子（ぶっこ）』

だね?」って言ったら、「ふふふ」って嬉しそうだった。

「よかったね、なっちゃん、第一志望に就職できて。学部のなかでもそういう人、少ないんだから。でも、どうして印刷部門がある代理店なの?　できるだけ大手のほうがよくない?」

「だってお父さんと同じ仕事がしたいから」

「なっちゃんのお父さん、広告代理店なの?」

「ううん、旅行会社」

「そうなの?　どういうこと?」

「ウチのお父さん、パンフレットを作る仕事してて、たまに家でも仕事してた時、私も手伝ってたの」

広告代理店のなかでも、印刷部門を持ってる会社はミヨシ広告だけだった。私は人の手に渡る物を作る仕事をしたい。最初の企画から人の手に渡る物を作るところまで関われる会社がよかった。

「旅行のパンフレット?」

「そう。パンフレットがいいと、みんな旅行してくれるんだよ」

「たしかにパンフレットの力は大きいよね」

「でしょでしょ？　お父さんが作るパンフレットを見て、たくさんの人が楽しみに旅行するんだよ。駅とかで、スーツケースやキャリーバックを持って旅行に行くんだろうなって感じの人を見かけると、お父さんが作ったパンフレットを見てるのかなぁってよく思ってた」

「世の中の旅行パンフレットをなっちゃんのお父さんが一人で作ってるわけではないと思うけど」

「お父さんみたいに、みんなが楽しくなるような夢を持てるような、そんな仕事をしたいの。商品を魅力的に見せる仕事がしたいの」

「なるほどね、人の目にふれるものを作るってことね。いくらよくても、その魅力が伝わらないと、宣伝したってモノは売れないしね。みんなが知らないことは、知らせないと伝わらないもんね。でも、知らせても伝わらないことも、世の中ありそう」

「私は、それぞれの会社と一緒に企画して、広告とか宣伝物まで作る会社がよかったの。ほら、よっちゃんが好きなバンドのポスターだって、いつか私が作るんだよ」

「まだ配属決まってないんでしょ」

「あのね、ウチの会社、いろんなもの作ってるんだよ。ＤＶＤのパッケージも、特典についてくるグッズも作ってるんだって。研修で言ってた。ホリゾンタルワールドのキャラクターグッズの企画も」

「テーマパークの？　へぇいろんな業種に関係してるんだね」

「私、就職試験も研修後の面接でも希望はちゃんと言ったもん。エンタメ系か、キャラクター系を希望しますって。クリシエレコードとか、ダンスビートエンタテイメントに行って打合せして、ＣＤジャケット作るんだもん」

「…ま、なっちゃんが希望しても、会社って、なかなかその通りにはならないんじゃない？」

「食品メーカーでもいいよ。よっちゃんが大好きなカップラーメンのパッケージ、ウチで作ってるんだよ。知ってた？　よっちゃんよく食べるでしょ。ねぇ知ってた？」

「知らないよ。なっちゃんの就活を聞くまで、会社の名前、聞いたことなかったんだから」

「もっとおいしそうに感じるパッケージにしたら、もっと売れると思わない？　そういう仕事したいの。よっちゃんはどう？　院は楽しそう？」

「一口に物理っていっても、高分子物理学、分子物理化学とかいろいろあって、私が専攻してる統計物理学は、気体分子に関する量子力学とかのミクロな理論から熱力学に関するマクロな性質を無理なく導出するための物理理論なの」

よっちゃんは静かで穏やかな声。何を言ってるのかわからない時は、ＢＧＭみたい。

「今日ね、生物物理学の研究室に行ったら、ＤＮＡの配列パターンの計測の実験をやってた。アインシュタインが１９０５年に発表したブラウン運動の理論についてね、ランダム・ウォーク・モデルを使って、水の中に浮かんだ小さな粒子が示す『もにょもにょ』とした不規則な運動を調べることで、目に見えない分子の個数を数えることができるって書いてあったの。もにょもにょって、なんだかかわいいでしょ」

私はよっちゃんの静かな声をＢＧＭにして、これからの仕事のことを考えてた。研修で営業本部の業務説明をしてくれた営業第一部長、きっと私の上司になる人。その人の顔を思い浮かべながら、一緒にクリシェレコードに行く自分の姿を思い浮かべてた。音楽事務所のビルに入って、打合せ室に通されて、ミュージシャンと握手して…

「ねぇなっちゃん、なっちゃん」

静かなBGMが途切れると同時に、楽しい妄想も途切れた。

「もぉ。聞いてないでしょ。なっちゃん、配属決まったらメールか電話ちょうだいね」

今日は配属発表の日。

2階の会議室は、同期がピリピリした感じ。研修初日から決まった席に着くと、みんな、なんだか落ち着かない。とりあえず隣の席の人に朝の挨拶。

「おはようございます」

「あ、おはようございます」

「緊張してるの？」

「そりゃそうだよ。秋山さんは営業希望だったよね？」

「うん。武田くんは？」

「僕はクリエイティブ」

「そうそうウェブデザイン希望だったね」

「うん。希望通りになるかなぁ」

「なるよ」

「どうして自信あるの?」

「だってOBもOGも希望通りだったって聞いたよ」

「秋山さんの希望は営業のどこ?」

「第一か第二」

人事の課長と部長が入ってきて前の席に座った。その後、各部の部長さん達がパラパラと入ってきた。あ、営業第一部長もいる。その隣にいる人、だれかなぁ。隣だから営業本部なんだろうけど。

9時になった。人事の課長と部長が立ち上がった。

「みなさん、おはようございます。ではこれから配属を発表します」

何の順番なのか、名前と配属先が発表されていく。

「武田康夫さん、クリエイティブ本部」

ほらね。よかったね。

人事部長が淡々と読み上げていく。

「秋山奈津子さん」

「営業第五部」

心のなかで「はいっ」と返事をして営業第一部長のほうを見た。

ご？　えーっ？　五？　ごぉ？　第一がエンタメ系、第二が食品で、第三がアパレル系で、あとは…　第五って？　えーっ？

「以上です。これから、各部長と各フロアに移動してください」

席を立つ武田くんの袖を引っ張って聞いた。

「武田くん、営業第五部って何だっけ？」

「たしか…金融関係じゃなかった？　業務説明の時、営業部の話はあまり聞いてなかった。ごめん」

武田くんはさっと席を立って、クリエイティブの本部長のほうに歩いて行った。

まだ呆然としてる私に近づいてくる人がいる。営業第一部長の隣にいた、背の高い、のべーっとした電柱のような人。

「秋山さん？　営業第五部の本田。フロアに行って業務説明するから。ウチは5階。階段で行く」

すぐ私に背を向けてさっさと歩いて行く。

五…第五…金融…？　研修の営業本部の説明の時、第三までしか聞いてなかった…第四はなんとなく覚えてるけど、第五はさっぱり記憶がない…金融、金融…あ、たとえば、キャッシュカードのデザインとか、通帳のデザインとか？　CDジャケットは残念だけど、考えてみれば、カードや通帳はだれでも必ず持ってるもの。うん、それはいい仕事かな。落ち込まずにがんばろっと。それにしても営業第五部の部長、ほかの営業部の部長と比べて、なんか、かたい感じ。スーツの色も地味だし、ネクタイの色も地味。

3階と4階は、第五以外の営業部。階段の踊り場から見える営業第一部の入口ドアの横のスペースには、映画のポスターや、その主人公の等身大パネルが置いてある。

テレビ画面があって、よっちゃんが大好きなバンドのプロモが流れてる。

5階に上がるとパンフレットラックがある。白い表紙で漢字が並んでる冊子とか、きれいな色合いのものもあるけど、なんか見慣れない言葉ばっかり。

フロアに入ると、みんながこっち見て拍手してくれた。嬉しいけど、みんな、服が、地味…シャツは全員白。

入口に一番近いところに、空いてる席が一つ。

「ここに荷物置いて、そこの会議室に入って。俺もすぐ行く」

部長は席に戻った。ここが私の席…隣の席ではひょろっとした感じの男性が電話中。

「承知しましたー。よろしくお願いします」

その人は電話を切ってフロアの奥を指さした。フロア奥の部屋が会議室みたい。行ってみると机はコの字型に並んでる。すぐにさっきの男性が入ってきた。

「こっち、こっち」

会議室の奥の席に移ろうと立ち上がった時に部長が入ってきた。手に、冊子のようなものをいくつか持ってる。コの字型の角を、私と部長がはさむように座って、ひょろっとした男性が私の隣に腰掛けた。

「こいつは山口。君のＯＪＴ担当」

「僕、山口です。よろしくお願いします。そんなに緊張せんと、リラックスしてええよ」

関西出身？

「あ、ＯＪＴってわかる？　On The Job Trainingの略。僕が君のマンツーマンの実地研修指導者」

「秋山です。よろしくお願いします」

隣を向いてお辞儀した。

部長が白い冊子を一つ、私の前に置いた。

「君に作ってもらうのはこれ」

むむっ。何これ？　何の宣伝物？　何の広告？

「これは投資信託の目論見書」

とうし？　もく？　もく？　今なんておっしゃいました？

「も・く・ろ・み・しょ」

ゆっくり言ってもらってもわからない…もくろむ？　…ＣＤジャケットでもない、お菓子のパッケージでもない…銀行の通帳でもなさそう…

「正確には、請求目論見書、でこっちが、」

…目がうるんできた。よく見えない。

「あれ？　秋山さん、どうしたん？　コンタクトか？」

「こっちが交付目論見書。それからこれが運用報告書。これが、これからの君の仕事だ」

…涙が右のほっぺを流れてく…

「部長、この子、泣いてますよ」

「これからしばらくの間は、山口とペアで動いてもらう。そのなかでいろいろ覚えていくように。もちろん、営業第五部の全員が君の指導者だ。だれに何を聞いてもらってもかまわない」

部長は立ち上がって、「山口、後は頼む」と出て行った。涙があふれてくる。

「そんな部長、せっしょうやなぁ。秋山さん、どうしたん？」

…やっぱり関西系だ…

「こ、これなんですか？　ジャ、ジャケットでもパ、パッケ、パッケージでもないです…」

「ジャケット？　パッケージ？　あぁそうかぁ、そういうことなんやな。第一や第二が希望やったんか。まぁそうやろうなぁ。でも、泣かれると、僕らもつらいなぁ。これはな、投資信託の目論見書といって、」

「も、もくろ、もくろむって何ですかぁ…？　何か、わ、わるだくみをするんですかぁ…？」

また涙がほっぺを伝ってく…

「わるだくみって…そんなんとはちゃうよ」

「山口、これ」

よく見えないけど部長がまた来た。

「あ、部長、ティッシュ箱。わざわざありがとうございます」

「同行予定を早めて、明日から早速始めるか」

「えー？　こんな調子ですよ。それに名刺もまだだし」

「明日、うらら銀行だろ。天野さんか？　俺から電話しておく。明日から同行だ」

「わかりました」

部長が去っていって山口さんはまた私の隣の席に戻ってきた。

「ティッシュ使うか？」

一枚もらった。

「あのぉ、私、もくろむ仕事をするんですか？」

「いやいや、あんな、これは、投資信託の説明書。販売する証券会社や銀行が、お客さんにお渡しする説明書。正式には交付目論見書。で、こっちは、お客さんが請求したらお渡しする詳しい説明書」

「これももくろむものなんですかぁ？」

左のほっぺにも涙が伝ってく…

「いやいやこれも説明書や。交付目論見書は、必ずお客さんにお渡ししなければならない説明書。投資信託の運用会社が作成するもので、僕らがデータをもらって印刷する。僕ら営業第五部のクライアントは、金融機関。投資信託の運用会社や、それを販売する証券会社や銀行を担当してる」

「パンフレットも作るんですか?」

「もちろん作っとるよ。これは法律で決められた開示資料で、すごく重要なものなんや。このほかのパンフレットやポスターも、法律や規則にのっとったものだから、僕らはしっかり知識持って対応せんとならんのや。毎日が勉強や」

法律? 規則?

「そんなに泣かんでも…」

やだ…だってエンタメがよかったんだもん…


この日は電話の使い方とパソコンの説明をしてもらった。社内のいろんな手続関係や、内線、外線の使い方。それとフロアの案内。文房具がある場所とか。

「今日はこのヘンにしとこう。後は退社時間までこれ見ておいて。これは、明日行くうらら銀行から、今、請け負っとるパンフレット。資産運用を説明するためのパンフレットがあってな、そのバージョンアップを進めてるところや。こっちは、第一回目の修正事項を反映した初校ゲラ。初校っていうのは最初の校正刷りってこと。多いと第六校まで出すこともある。明日はこれを届ける。届けて、それで終わる場合もあれば、その場でも指摘事項を受ける場合もある。たいていは、数日後にまとめてさらに追加修正が入る。なかには、いったん修正したものを元に戻すこともあるけどな、クライアントの要望なら、そんな時もしっかり対応するのが僕らの仕事」

めくってみた。いろんなページに『投資』って書いてある…

「秋山さんな、第五部の仕事で重要なのは何だと思う？」

第五の仕事？　だって、エンタメ系の第一部がよかったんだもん。第五で重要なことって言われてもわからない。

「第五部は、何より正確性が重要なんや。もちろん、ほかの部もそうやけど、ウチは、特に正確性が求められる。クライアントの指示はもちろん、僕らもクライアントと一緒に作るという意識が必要なんだ…と、本田部長がいつも言ってる。つまり、第五部は金融のプロという意識で仕事するんや」

…そんなこと言われても、私は金融機関に就職したかったんじゃないし…パンフレット、お父さんが作ってたパンフレットと違う…楽しくならない…見たことない言葉ばっかりだ。

お父さんはいつも、「この旅行をしたら何が待ってるのか、どんな楽しいことがあるのか、お客さんには、そんな夢や魅力を感じてもらえるパンフレットにしたいんだ」って言ってた。お父さんが作るパンフレットは、見ているだけで旅行してる気分になった。旅のイメージがわくように、旅先の写真や宿泊先、料理が本当にきれいに紹介されていて、季節の移り変わりや自然の息吹まで伝わってきて、旅行をしたらどんなに楽しいだろうなぁって思えるものだった。

5時10分になった。

「秋山さん、定時だから、もう帰り。少し大きめの声で、この辺の席の人に聞こえるように『お先に失礼します』って言ってってな」

はい。帰ります…

「お先に失礼します…」

「はーい、お疲れさま」

「お疲れさまでしたー」

いろんなところから声が返ってくる。

「歓迎会、楽しみにしててね。お疲れ〜」

最後に部長席から聞こえてきた。

「お疲れ」


帰りの電車の中でよっちゃんにメールした。

よっちゃん
今日、配属発表だったの
営業第五部だった…
営業第五部は金融担当で、

思っていた仕事と違うし、難しそうな言葉ばかりなの。

とっても不安…

「ただいま…」

「なつこお帰り。営業第五部ってどんな業種の部署だったの?」

会社を出てすぐに、お母さんにメールしておいた。

「それが〜あ〜おかあぁさぁん〜」

「何泣いてるの」

「だってぇもくろむんだって〜あぁ〜」

「もくろむ? 目論見書のこと?」

「それそれぇ〜あぁ〜」

…ん?

「お母さん知ってるの?」

「知ってるわよ。営業第五部って金融担当なの?」

「うん…」

「まさか、会社でも泣いたんじゃないでしょうねぇ」

「だってぇ…こんな厚い白い冊子なんだよ。きれいなパンフレットもあったけど、グラフとか、見たことない言葉とかいっぱいあった〜あぁ〜」

「よかったじゃない。勉強になりそうね」

「あぁ〜会社でも勉強って言われたぁ〜なんとか法とか規則とか〜あぁ〜」

「何を言ってるの。どの仕事だって勉強よ。第一志望の会社に就職できたんじゃない。そう、営業第五部は金融担当だったの。よかった、よかった。お父さんにメールしておこうかしら」

お母さんは喜んでる。でもぉ〜あぁ…

お母さんが作ってくれたハンバーグを食べてから部屋に戻って携帯を見ると、メールが一通。よっちゃんから返信。

なっちゃん
金融担当なんだ！
ってことは、これまでの金融のかたーいイメージを変えるチャンスだね！
期待してるよ^^

1

不安って、感じてないといけないの？

訪問先のうらら銀行へは会社から地下鉄で15分くらい。銀行のなかにもいろんな部署があって、今日は、パンフレットを作ったり、セミナーの企画をしたりするマーケティング部っていう部署に行く。アポは午後1時半だけど、1時前には会社を出た。遅れてはいけないけど、早過ぎるのもよくないらしい。

地下鉄の改札を出て3番出口の階段を上がるとまさにビル街。少し歩いたところで山口さんが指差す。

「このビルや」

入って受付に向かった。

「ミヨシ広告の山口です。マーケティング部の天野さんお願いします」

受付の人が電話をしてから入館証をくれた。

「6階へどうぞ」

スーツ姿のすらっとした女性が、システム手帳を手にして一人で入ってきた。

「山口さん、お待たせしました」

山口さんが立ち上がるのを見て私も立ち上がった。

「天野さん、昨日電話で申しました秋山です」

「昨日本田部長からもお電話いただいたわ。新人さんね。天野です。ミヨシさんにはいつもお世話になっています。これからよろしくお願いします」

天野さんは、とても丁寧にお辞儀をしてくれる。緊張する。私も研修で習ったようにお辞儀した。角度30度の敬礼。そして、お名刺をいただいた。初めて。研修で習ったように両手で、文字や社章に触れないようにして受け取る。

「まだ名刺ができていなくて失礼いたします。ミヨシ広告営業第五部の秋山奈津子と申します。どうぞよろしくお願いいたします」

「これからウチを担当してくださるのね？　女性は嬉しいわ。ウチは何かと手間がかかるかもしれないけど、よろしくお願いしますね。ミヨシさんは、フレッシュな戦力が入っていいですね。後でほかの部署にも行ってみたら？」

「いえ、今日は天野さんとこしかアポとらせていただいていませんから、またあらためます」

山口さん、クライアントの前では関西弁ではないみたい。

「いいわよ山口さん。せっかく、新人の秋山さんが一番にウチに来てくれたんだから、挨拶だけみんな回っていくといいわよ。私から電話しておくわ」

「そうですか？　天野さん、ありがとうございます。そうさせていただきます」

腰掛けて、山口さんが特大の封筒から印刷物を取り出した。何版って言ってたっけ？

A3？　B3？

「それで、こちら初校ゲラです」

昨日『ゲラ』の意味を教えてもらった。もともとは、『活字を組んで納めるための枠箱』を表すgalleyっていう言葉で、それがなまって『ゲラ』って呼ばれるようになったって。ゲラ刷りは、実際に原稿を印刷されるような形にレイアウトしたもの。お父さんも、こういう余白のいっぱいある紙をチェックしてた。

「ああ、いい色になってますね。フォントもこれでよかったわ」

「そうですね、やわらかい雰囲気になったと思います」

山口さんは、そう言うと、封筒の中からもう一つゲラ刷りを取り出した。

「天野さん、フォントも含めて、もうひとパターン違うデザインを作ってきたんですけど、こっちはどうですか?」

先に渡したのは、全体にオレンジ色ベースで、各ページに、見出しが大きく囲んであるパターン。今出したのは、全体に緑色ベースで、見出しよりも、図表が強調されて大きくデザインされているパターン。

「ありがとうございます。あら、いいですね。第一印象はこちらがいいわ。図表が見やすいわ。部内でみんなに聞いてみますよ」

「天野さんが図表にこだわっていらっしゃったんで考えてみました」

「山口さん、ありがとうございます。あ、そうだわ、秋山さんはどちらがいいと思われます？　この資料は、ちょうど秋山さんのような、若いお客さまに投資を知っていただくために読んでいただきたいものだから、ぜひ、感想をうかがいたいわ」

天野さんは、2パターンのゲラを私に向けた。両方とも昨日見せてもらったから知ってる。

「秋山、天野さんが聞いていらっしゃるから、意見申し上げていいんだぞ」

「…私はオレンジ色のほうがいいと思います」

少し考えてから答えた。

「そう。図表の見やすさより、明るい色のほうが印象がいいかしらね。秋山さんは、こういうパンフレット、よくご覧になります？」

「旅行のパンフレットならよく見ます」

「秋山…」

軽くひじで私をつつく。

「山口さん、いいんですよ。そうよねぇ。まだ金融関係のパンフレットはあまり見ないかしらね」

「はい。見たことありません」

「秋山…」

山口さん、さっきよりちょっと強い感じでまたひじでつつく。

「一緒に旅行に行くお友達と、お金の話とかします？」

「イツメンとよく話します」

「秋山…」

ひじつきながらこっち向く。小声で、

「イツメンって何だ？」

「『いつものメンバー』です」

「ほぉ」

「秋山さん、それでイツメンで話すお金のことって、どんな話なの？」

「どのショップのポイントカードが値引きが多いかとか、どの居酒屋さんのクーポンがトクか、とか…」

「あんな、秋山、天野さんが聞いていらっしゃるお金って、そういうこととちゃうよ」

あ、関西弁になってる。

「いいんですよ、山口さん。たしかにそれもお金の話よ。秋山さん、たとえば、将来のためにお金を蓄えることとか、そういうことは？」

「将来…ですか？」

「若い人は今の大人のように年金をもらえなくなるのではないか、っていわれてること、気になったりしない？」

「ん…そういうニュースが流れてることは知ってますけど、あまり自分のことのような気がしないっていうか、あまりに先だから…その前にいろいろあるし…」

「天野さん、僕は思いますよ。僕らは親の世代と同じくらい年金をもらえるかどうかそりゃあ心配ですよ。社会保障は世代間の相互扶助で成り立つわけですが、一人の高齢者を何人で支えるかというと、約30年前は、約六人で一人の高齢者を支えていたのが、将来はほぼ一人で一人の高齢者を支えるようになる、『おみこしからかたぐるまへ』という状況になるっていわれてますよね。年金を受け取れる年齢ももっと上がっていくかもしれないですし、そりゃあ心配ですわぁ」

天野さんは山口さんに向かって大きくうなずいてる。

「山口さんのように、若いうちから将来のことを心配して対処する若者が増えるように、しっかり金融商品販売をするのが私達の使命なのよ。山口さん、頼もしいわ。秋山さんは、お金のことで不安はありませんか?」

また私に聞く。

「今、実家にいるので、不安は特にありません」

「先のこと、って言うと、どのくらい先をイメージします?」

〝先〟は〝先〟…。どのくらいって言われると…

「まだ結婚する予定もないし、とりあえず2年後くらいまでには、ちゃんと仕事できるようになりたいって思います」

まず第一に異動して。

「そう。じゃあ秋山さん、この図って、どう思う?」

緑色ベースのゲラの一枚目のページを私に差し出した。

見出しは、

人生にはお金がかかります。


「こんな風に、結婚とか、住宅購入とか、教育費とか、人生にはお金がかかるんだけど」

「私にも同じようにかかるんですか?」

あまり自分のことのように思えない…

「まぁもちろんこれは平均値だけど、人生にはお金のかかるイベントがいろいろあるじゃない?」

「ん…結婚は海外で挙げたいです」

「秋山、それは今は関係ないやろ」

「山口さん、いいんですよ。秋山さん、もう少しうかがってもいいかしら?」

「はい」

山口さんがソワソワしてる感じが気になる。

「次のこのページはどう思います？」

次のページの見出しは、

不安に備えて投資。

「どうして突然投資のことになるのかな？　って思います」

「あら…」

「…秋山」

山口さんは私のひざのあたりを抑えるような仕草をする。どういう意味？

「唐突感があるのかしら？」

「唐突感っていうか、投資って、私にはあまり関係があるとも思えないし…」

「思えないし、それから？」

山口さんは私を向いて微妙に首を振ってるように見える。でも天野さんは続けて聞いてくる。

「何でも感じたことを聞かせて」

「不安って感じてないといけないんですか？」

「えっ？」

山口さんが身を乗り出した。

「天野さん、秋山は、そのぉ、なんですわ、まだ社会人になりたてで、研修中なんで…すんません。秋山っ」

慌てると関西弁になるの？

だって、『投資が必要』って言われても…天野さんはデスクの上に置いていた腕を組んで、椅子に背中をもたれて
「ん……」

と数秒何か考えてる様子。

「山口さん」

「は、はい…」

「今から、数ページ増やしてもいいかしら」

「ページ追加ですか？」

「もちろん、スケジュールは後ろにずれてもかまわないわ」

「あ、はい…ページ数はだいたいどのくらいでしょうか」

「そうねぇ、4ページくらいかしら？　お手数ですけど、プラス4ページか6ページで見積もりをもう一度、いただけないかしら？　なるべく早く」

「は、はい。かしこまりました。では戻りまして、明日にはお出しするようにいたします。スケジュールも再調整してお出ししたほうがいいでしょうか」

「ええお願いします」

「かしこまりました」

「秋山さん、参考になったわ。とっても」


会社に戻る帰り道、山口さんはずーっと私に説明してくれた。クライアントの前では、自分が言いたいことをいったん飲み込んで考えてから言うこと。クライアントでなくても、会社でもそうすること。相手がどんな回答を欲しがっているのか考えること。一言で言えば『空気を読め』ということ。それが社会人として必要であること。地下鉄の中では電車の音で聞こえなかったけど、「ええか？　わかったか？」と言ってそうな時だけは、ちゃんとうなずいた。

会社に戻って見積書を作った。見積書の作り方は、研修で、業務部から説明を聞いた。難しいのは原価の出し方。金額は山口さんが考えてくれた。山口さんは「経験がないとピンとこんかもしれへんけど」って言いながら説明してくれた。ページ数の単価とか、版の大きさの単価とか、紙質とか色の種類とか…頭の中は完全にオーバーフローしてた。

夜、お母さんが作ってくれたオムライスを食べてから部屋に戻った。お風呂に入る前によっちゃんにメールした。

よっちゃん

よっちゃんは、将来に不安ってある？
年金のこと、心配になる？
私達、不安を感じないといけないのかなぁ…？

お風呂に入って、オーバーフローした頭を休めるために、目をつぶってゆっくり頭までもぐった。

お風呂から出て、髪を拭きながら階段を上がって部屋に戻ると、ベッドの上の携帯から着信音。画面にタッチした。よっちゃんだ。

なっちゃん
私はいっぱい不安だよ。
特に親の介護。
私が蓄えておかないと、って思うよ。

よっちゃんは不安を持ってる?
ベッドに腰掛けてよっちゃんに返信。

よっちゃんのご両親の介護?
今、介護保険ってあるんでしょ?
それに、結婚したらダンナさんに面倒みてもらえばいいんじゃないの?

送信ボタンを押して、また髪を拭いた。
よっちゃんはどんな人と結婚するのかなぁ。ってゆーか私は? ま、それも、営業第一部に異動してから考えよっと。早くも着信音。早いわりにいっぱい書いてある。

なっちゃん
結婚したとしても、私は結婚相手に頼ったりはしないつもり。

対等なパートナーとして、お互いを尊重し合って高めていきたいって思うよ。
もし結婚したら、経済的に相手に頼らない気持ちは持ちつつも、マネープランは、お互いの収入や貯蓄を把握してお金のフローをルール化して、
ともに人生計画を立てていきたいかな。
自分の人生のお金は自分で責任を持って、
家計管理や資金管理に対する価値観を合わせていきたいと思ってる。
問題は、価値観の合う相手が見つかるかどうか、なんだけどね。

ふぅん。そんな風に考えてるんだ。なんかよっちゃんらしい。結婚の話なんて、よっちゃんとしたことなかったなぁ。ん？　いやいやこれは結婚の話とはちょっと違う？　収入や貯蓄を把握して、お金のフローをルール化…　ちょっと意味わかんない。〃物子〃っぽい。また明日メールしてみよう。

「おはようございます」

私の席は、一番入口に近いところだから、入口から第五部全体に聞こえるように大きな声で挨拶するようにした。

「おはよ」

「おはようさん」

こっち向いて言ってくれる人、背中を向けたまま言ってくれる人、いろいろ。「うーっす」って言う人もいる。「うーっす」って、「おはよう」の進化系? 何十年も〝おはようございます〟って言ってると、だんだん面倒になっちゃうのかな。

まずPCを立ち上げる。

ん? 未読メールがある。しかも社内じゃない…あ、うらら銀行の天野さんだ。

To　ミヨシ広告　山口さん　ミヨシ広告　秋山さん

追加ページについて

ミヨシ広告　山口さん
　　秋山さん

いつも大変お世話になっております。
昨日はありがとうございました。
秋山さんとお話しさせていただいて、
手段と目的をはっきりさせずに、手段のことだけ説明している
冊子だったと思いました。
関係部署への確認はこれからですから未定稿ですが、
早めにイメージをお伝えしたいので
ファイルを添付いたしました。よろしくご査収ください。
ファイルは4ページですが、見積もりは、念のため、昨日のお話通り、
6ページの場合の金額もご提示いただけましたら幸いです。
よろしくお願い申し上げます。

うらら銀行　マーケティング部　天野　恵理子

メールが届いた時間は、夜9時。天野さんはあれから考えてこの資料を作ったんだ……どんな内容かなあ。


「おはようございまぁす」

山口さんが出社。

「山口さん、天野さんからファイルが届いてます」

「え〜?　さすがはっやいなぁ」

「未定稿だけど早めにイメージをお伝えしたい、とメールにあります」

「そや、デザイナーに連絡せな」

「これ、天野さんが一人で作ったんでしょうか?」

「ここから修正は入るやろうけど、たたき台はいつも天野さんが一人で作成しとるみたいや。すごいよなあ」

ふぅん。

「秋山の話を参考にして天野さんは作られたんや。しっかり見とき」

本田部長が来た。山口さんは本田部長に報告。

「あ、部長、おはようございます。うらら銀行の天野さんから追加原稿が届きました。今すぐデザイナーに連絡します」

「いや、まずディレクターに状況連絡しろ。今日のところはそこまででいい。山口、それから秋山」

「はい」

山口さんはキリッとした返事。私は心のなかで返事。はい…

「いいか、デザイナーやディレクターに連絡するのは重要なことだ。だがな、ウチの仕事は、ただ言われた通りのことをすればいいってもんじゃない。最終段階でなければ、デザインも、ワーディングも、プラスアルファを提供するんだ。クリエイティブに仕事してこそウチの価値だ。だろ?」

「はいっ。わかってますっ」

山口さんは元気に返事して受話器を取った。番号はすでに登録してあるようで、親指でワンタッチ。

「あ、鈴木さんですか? 第五の山口です。今、ファイル送りますけど、まだ未定稿なんですけどね、近々追加のデザインが入ります。そうです、うらら銀行のディレクターがいるオフィスは、ここから車で10分くらいのところにあるらしい。

「そうっす、そうっす。ウチに新人が入ったんですよ。はい。僕が指導役です。え? そう言わんといてくださいよ。僕5年目になります。話しませんでした? 僕、中途ですよ。それって誉めてくれてます? まったく鈴木さんにはかなわんなぁ。ともかく今度一緒にご挨拶にうかがいますんでお願いします」

挨拶に行くって、私のこと? それより、パワーポイントファイル、見ておかないと。昨日までの1ページにあった、人生にはお金がかかります、っていうページの前に、4ページ加わる。

見出しは…

〈早過ぎない! 今から考えて、資産運用。〉

〈準備は挑戦！〉

挑戦……

「なんや積極的な感じがするなあ。なぁ、秋山」

積極的……そう、積極的。保守的ではなくて、積極的。

「天野さんは、秋山の話を元に考えたんやから、しっかり見とかんとな。あ、この件は部長にも転送転送」

しばらくして部長からのメール。

山口さんの報告についての返信。

To　山口　秋山

Re: うらら銀行　冊子改訂の件

ディレクターへの連絡、了解。

天野さんの資料改訂でしたいことは、
まだどうなるかわからない将来のことを考えることは
雲をつかむような感じだと思っている若者に向けて、
ただ漠然とその時期を待つということではなく、
もっと虎視眈々と準備してチャンスを狙う、というメッセージを送りたい、
という意図が感じられるな。
先のことを考えることは、安心を手に入れるために必要なことであって、
〝無駄〟ではない、と伝えたいのではないか。
そのあたりをしっかり確認して、それがしっかり伝わる効果的なデザイン提案を
したいものだな。

本田

2

ブランドバッグと雪だるまの法則

「じゃ、秋山、なんもないはずやけど、もし、緊急があったら、こっちにかけてな」

山口さんはそう言って携帯を持った右手を上げる。

「はい。行ってらっしゃい」

これから新人のOJT担当者の研修があるらしい。朝からお昼まで。配属後は会ってないけど、みんな元気かな…希望の部署でがんばってるんだろうなぁ…まだ社内メールを私用に使う勇気がなくってみんなの様子がわからない。研修の時に携帯のメールアドレスを交換しておけばよかった。

今日は、山口さんの研修が終わったら金財ホールに行くことになってる。一週間後にうらら銀行の大規模なセミナーがあるらしい。平日は仕事で忙しい若者を対象としたセミナーで、土日と、平日の夜も遅い時間まで開催する。山口さんは昨日こう言ってた。

「ウチは、ブースの施工全般を請け負わせてもらってる。セミナーブースは、テーマによって大小いろいろあるし、ブースにかけるパネルやポスターや、セミナーのパンフレット制作もウチがやっとるから大仕事や。明日から会場設置だから、会場全体の下見と、納入物の確認にいく」

『ブース』のイメージがもうひとつわからなくて聞いたら、

「テレビのニュースで、ゲームソフトのイベントとか、やっとるの見たことないか？　あんな感じや」

銀行がそういう大がかりなイベントをしてるなんて知らなかった。

「うらら銀行だけではなくて、うらら銀行で販売してる投資信託の運用会社も出展する」

『運用会社』？

「顔にハテナマークが出てるな。あんな、多くの人から集まった資産の運用をするのが運用会社、販売の窓口になってるのが、証券会社や銀行の販売会社や」

山口さんの机の上には、パネルのデザイン画のような、これもゲラっていうのかな？　大きな紙が置いてある。三つのマルの絵。これも明日のパネルかな。

フロア入口に人の気配。後ろを見ると知らない男性二人。白髪まじりのちょっとお腹の出てる人と、その人の部下っぽい男性。ちょっとお腹が出てる人は水色のワイシャツに、ネクタイは水玉模様。部下っぽい人はピンク色のシャツに同系色のネクタイで、よーく見ると模様はネコ。

ちょうど席を立ってフロアから出て行こうとする本田部長を、水色シャツの水玉ネクタイの人が呼び止める。

「おぅ本田」

「どうも内村さん。第一が第五に何の用ですか？」

営業第一部の人なの？

「グチヤマいるか?」

グチヤマ? だれのこと?

「今いませんよ」

本田部長はそれだけ言ってフロアを出ていった。

「そうか、残念だなあ」

もう一人のピンク色シャツのネコネクタイの人が私に聞く。

「ねぇ、山口さんはすぐ戻ってくる?」

山口さんのこと?

「山口さんなら、今、OJT担当者の研修です」

グチヤマ…? …ヤマグチ、山口…営業第一部だったら私もヤマアキって呼ばれるのかな。アッキーでもいい。そんな風に呼ばれてみたい。

「あぁそっかそっか。内村さん、山口さんはまだ戻りませんよ」

「グチヤマは研修かぁ」

そう言いながら、ちょっと第五の様子でも見ていこうか、という素振りでフロアに入ってきて、山口さんの机の上のゲラを手前に引き寄せた。

「これは何だ？」

私に話しかけてる？

「あ、あのぅ、うらら銀行さんのセミナーのパネル…だと思います」

「うらら銀行のセミナー？　おい、中野、そういうの行ったことあるのか？」

ピンク色シャツのネコネクタイの人は〝中野さん〟というらしい。

「私は行ったことありませんからわかりませんね～」

そうなの？

「投資とか株とか、そういううさん臭いことの仕事をするのは俺には無理だな」

うさん臭い？　中野さんが言う。

「私の父親が株や投資信託をやってたんですけど、昔大損したらしいんですよ」

「そういうのは、一か八かの賭けのようなもんだ。素人が手を出すと痛い目にあう。俺はそういう人を何人も知ってる」

「親父は随分反省したらしいんですが、お袋はそれ以来証券会社が大嫌いになりまして、ウチに金融担当の部署があると言ったら、『そんなことのために広告代理店に入社したんじゃないでしょ、その部署だけはよしなさい』とか言いましてね、いやいや違う業種の広告の担当なんだと言ったんですが、今でも心配してますよ。でも親父はお袋に内緒で証券会社にまだ口座を持ってまして、ときどき営業マンから電話がかかってくるんです」

「おいおい、お袋さんは怒ってるんじゃないか？」

「内村さん、今は携帯ですよ。家庭の固定電話にかかってくることはありませんし、基本的に電話するのは会社の休憩時間とかでしょうからね」

「ああいうのは、ほれ、いろんな書類が郵便で届くじゃないか。第五はそういうのを作ってるんじゃないのか？」

「今は電子化が進んできていますから、一昔前よりは少ないようです」

「そうか」

「それでも郵便での発送物はもちろんあります。わが家ではずっと以前から、郵便受けの郵便物を取り出すのは、仕事から帰ってくる親父の役目でしたから、親父にとっては都合がいいみたいですよ」

「中野はまだご両親と一緒に暮らしてるのか？」

「はい。自分の給料はひたすら定期預金にして、生活費はスネをかじってます」

「はは。ちゃっかりしてやがるな」

「厳しい時代ですからね〜」

内村さんと呼ばれた水色シャツの水玉ネクタイの人は、手にしたゲラを元の位置に戻した。そして二人は笑いながらフロアを出ていった。

…第五の仕事は社風に合わない仕事なの？　投資は怖いことなの？　…やっぱり異動したい…アッキーって呼ばれたい。

しばらくしたら山口さんが戻ってきた。

「ただいま戻りました〜」

だれに向かってということもなく大きな声でそう言いながらフロア入口から入ってきた。席にクリアファイルを置いて上着を脱いで椅子にかけた。

「部によってずいぶん指導の仕方が違うなあ。こうも違うかって感じやったわ」

腰掛けて自動的に電源の落ちてるパソコンを再起動させてから、私のほうに体を向けた。

「クリエイティブ本部は、まずはアシスタント業務からって決めとるらしい。アシスタントといってもあれは単純作業やろうなぁ。第二は、ひたすら食品業界の勉強だと」

アシスタントでも勉強でも、希望の部なら楽しいんだろうなぁ。

「当の新人は物足りなさそうにしとるみたいやなあ。ウチは、部長の方針で、初日からクライアントに同行させたけど、そんな部はウチだけやったぞ。ウチはまさにOJTや。まぁ、あの日は天野さんとこやったからな。ぽろぽろ泣いとる秋山を見て、部長は、天野さんのような、金融機関で活躍してる女性に会わせたかったんやろうな。第五の仕事を肌で感じさせるところから始まったってわけだ」

本田部長にはそんな意図があったの？

「秋山にしたら、他の部の新人がうらやましいかもしれんけど、彼らにしたら、すでにクライアントに対応してる秋山が、ごっつうらやましいんとちゃうか？　秋山、励ましたり」

励まされたいのは私のほうです…

「ということで、ウチの方針通り、金財ホールも同行だ」

「え？　私もですか？」

「名刺、忘れるな。多めにな」

金財ホールには、よっちゃんとフリーマーケットに行ったことがある。意外に新品に近いものがいろいろ出てて、あの時は、たしか、私は目覚まし時計となわとびを買った。

目覚まし時計を買った私に、よっちゃんは聞いた。

「なっちゃん、朝は携帯の目覚ましで起きるんでしょ？　時計はいらないじゃない」

「だってこの目覚まし、時間になると転がるんだよ。面白そうだから」

そう言ったら、「物子」のスイッチが入ったらしく地球の自転の説明が始まった。

なわとびなら難しい話にならないかと思って、

「それよりよっちゃん、なわとびって、体にいいんだって。よっちゃん二重飛び何回できる？」

って聞いたら、

「なわとびするなら、空気抵抗と縄の重さの関係を考えないと。太くて軽いと、空気抵抗が強くて回しにくくなるよ。細いと、空気抵抗は弱くても、重さがないと回しにくいし。あと、縄の硬さも重要じゃない？　柔らかいものよりも硬めのほうが、力が伝わりやすくて回しやすいと思うよ」

結局、二重飛び、何回飛べるのかわからなかった。よっちゃんは、ストップウォッチと食品ラップと寒天を買った。お菓子でも作るのかと思ったら、実験に使うんだって。かわいい陶器の花瓶があったから「よっちゃん、研究室にどう？」って言ったら、「花瓶はメスシリンダーがあるからいいの」だって。メスシリンダーってどういう形だっけ？

その時以来、思い出せないまま。

金財ホールに着くと関係者プレートをつけた人がいっぱい。足元はベニア板がびっしり。イベント会場の準備してるところに立ち入るのは初めて。でも、もし営業第一部だったら、これがコンサート会場だったのかなぁ…また泣けてきた…

山口さんが入口の近くにいる人に気づいて声をかけた。

「辻原さん、お世話になります。お疲れさまです」

「あぁ山口さん。今のところ、一応、順調ですよぉ」

メガネをかけた小柄な人。銀行員っぽくない雰囲気の男性。話し方もスローテンポ。

「それは一安心です。ブースとか納入させていただいたパネルとか、確認させていただけますか?」

「そうですね。じゃあ、まずは、突き当りのブースから見ていきますぅ?」

「お願いします。あ、辻原さん、その前に紹介させてください。ウチの新人で秋山っていいます。これから御行を担当させていただきます」

ビジネス先の会社のことを一般的に『御社』というんだけど、銀行の場合は御行（おんこぅ）って言うみたい。

「ミヨシ広告の秋山と申します。どうぞよろしくお願いいたします」

名刺交換では、先に自分の会社名と名前を言いながら、相手に向けて名刺入れの上でスライドさせて差し出す。そしていただいたお名刺は、すぐにしまわずに、名刺入れの上に置いて、しっかり拝見する。名刺入れは就職祝いにお父さんが買ってくれたもの。

「あぁ、よろしくお願いします」

ひと通りの挨拶をすませると、辻原さんがブースの案内を始めた。後ろをついてく山口さんがこっそり言う。

「秋山、辻原さんは、うらら銀行さんでこういうイベントがある時に中心になる人や」

「この件の、うらら銀行さんへの山口さんからのメール、宛先はすべてその方でしたよね」

「お、しっかり見とるやないか。よしよし」

メールの宛先の「Cc」はすっごく多いのに、「To」は一人だったから覚えやすかっただけ。

山口さんは、カバンから会場全体の施工図面らしきものを取り出して、一つひとつのブースを確認しながら歩いてる。

辿り着いたブースには男性がいっぱいいる。

「みなさん、お疲れさまです」

「おぅ、山口さん」

山口さんは一人ひとりに私を紹介する。名前覚えるの、二人が限界…

「パネル、さっき入りました。サイズがちょっと大きかったですねぇ」

「えっ!?」

山口さんは慌てた感じでセミナーブース全体を見回す。

山口さんの視線の先にあるパネルは…

お金に働いてもらおう
資産が倍になるまでの年数と金利の計算

72の法則
72÷金利（%）＝年数（年）
72÷年数（年）＝金利（%）

「サイズ違うてましたかっ!?」

クライアントの前でも、慌てると関西弁になる山口さん。

「あぁ、いやいや、注文した通りなんです。山口さんのせいではありませんよ」

それを聞いて山口さん、ちょっと、いや、かなりほっとした様子。でもこのパネル、山口さんのデスクの上にあったのとは別のもの。あのデザインは別のブースのパネルかな？

「辻原さん、パネル自体はどうですか？」

「あぁ、まぁよかったと思いますよ。パッと目に飛び込んで、とにかく、見た人の印象に残してもらうことが、重要ですからねぇ」

「ええ、おっしゃる通りだと思います」

「しかし、この法則だとぉ、たとえば1％だった場合、2倍にするのに72年かかるってことですねぇ」

パネルの内容の話？

「0・1％なら720年ですよ。お金を増やしていくには、今は、金利だけでは足りないと思いますねぇ」

金利って、1年間預けてつくんだっけ。1％で計算すると、1万円を1年預けて100円でしょ？　1年で100円だから、72年は、7200円？　ん？　1万円の倍じゃない…ん…

携帯電話の電卓で計算するフリをしてよっちゃんにメールした。

72の法則って知ってる？　資産が倍になるまでの年数と金利の計算。

「…いや本当にそうですね。辻原さんに解説してもらうとよくわかります」

山口さんの話に合わせて曖昧に相槌をうっていると、辻原さんの携帯が鳴った。

「はい、もしもし。辻原です。あぁ、その件でしたら…」

辻原さんは、私達に遠慮するように2、3歩離れて電話を続ける。

「あのぉ、山口さん、全然わかんないんですけど…」

「何や？」

私の計算を話してみた。

「秋山が言ってるのは『単利』の計算や。単利計算だと、元のお金、1万円、これを元金（がんきん）とか元本（がんぽん）と呼ぶんやけどな、この元本に、1年に100円ずつ増えていく、ってことや。1年で1%お金が増える。そうすると、1年あたりの利息100円が1万円になるのに、100年かかるやろ」

そうだけど…

「この法則は『複利』を前提にしとる。銀行の預金も複利計算や。複利っていうのはな、元金1万円に100円の利息がついた10100円に対して、次の年1%つくんや。10000円に1%じゃなくてな、10100円に1%。10100円に1%だと、2年目はな、10201円になる。これが複利の計算や。秋山の計算だと、2

年目は10200円やろ。1円の違いと思うかもしれんけど、元本が多かったり、時間が長いと大きな違いになる。なんちゅうか、雪だるまみたいな感じやな」

雪だるま？

「頭にバケツ乗せるようなものってことですか？」

「ちゃうちゃう」

顔の前で手をブラブラさせる。

「雪の塊をな、ころころ転がしていくと、雪に雪がついてくるやろ」

あぁ…雪に雪がついていく。

「そんな風に利息に利息がついていくっていうわけや。二乗の計算って学校で習ったやろ？　あれや。1・01の72乗ってことだ。そんな計算、カンタンにできるか？」

「私の携帯の電卓ではちょっと…」

「携帯でなくても、普通の電卓でもそんな計算は簡単にはできん。計算を簡単にする目安が、この72の法則や」

ふぅん。

「山口さん、仕事してるんですね」

「なんやそれ」

「詳しいなぁと思って」

「俺をだれやと思ってるんだ？」

「だれって、山口さん…です…」

「このパネルを作ったのは俺やぞ。といっても、パネルを作りながら説明聞いたんやけどな。つまり〝受け売り〟？　でも、それでいいと思わんか？　受け売りが知識になるんや。なあ、秋山」

なんだ、受け売りなんだ…

電話の要件がすんだらしく、辻原さんが戻ってきた。

「あぁどうもすみませんねぇ」

「御行では辻原さんが中心ですからね、お忙しいですね」

「いやぁ山口さんこそ。実は、僕は別の業界から転職してきましてぇ、金融は、まだ、日が浅いんですよぉ」

「え？　辻原さん、そうなんですか？　いやぁぜんぜん銀行の方って感じだから、そうは見えませんでした。いやぁそれはそれは」

「だから、ウチの会社のなかでは、最もお客さんに近い感覚を持ってると、自負してるんです。あ、こういうのは、自負っていいませんかねぇ」

「いやいや辻原さん、そういう感覚をお持ちの方がいらっしゃるのが、御行の総合力となるんですよ。私はそう思いますね」

ベニア板は、ところどころ盛り上がってて、私が立ってるところもちょうど盛り上がってる。時々立つ場所を変えてみるんだけど、どうもバランスが悪い。

「秋山さん、この間、ウチに来てくださったんですよねぇ」

おっと、私の話題？

「先日うかがったとき、御行内をまわらせていただいたんですが、ちょうど辻原さんがご不在の時で、ご挨拶申し上げられませんでした」

「あぁ、いやぁいやぁ、いいんですよぉ。ウチの天野から聞きました。フレッシュな意見をもらったって、言ってましたよぉ」

「そりゃあすんませんでしたっ。新人だもんで、思った通りに、あ、いやいや、なんも考えんと天野さんに好き勝手に言うてしまって。勘弁したってください」

山口さん、完璧関西弁。どうしてそんなに慌てる？　ってゆーか、どうして謝る？

「辻原さん。こっちにいる～？」

「あぁ天野さん。こっちですぅ」

天野さんだ。いかにも重そうな茶色い紙の包みを抱えて、足元を気にしながらこっちに歩いてくる。

「辻原さん、72の法則のセミナー資料、あっちに届いてたから持ってきたわ」

「あぁ、ありがとうございますぅ」

山口さんは駆け寄って、「天野さん、持ちます。持ちます」と、包みを持ってあげて、近くにあった台の上に乗せた。

「山口さん、どうもありがとうございます。秋山さんもいらしてたんですね。お疲れさま。このベニア板って歩きにくいわねぇ。秋山さん、今日ヒール？　足元気をつけてね」

「はい」

「山口さん、後で、あっちのブース見てって。オレンジを基調にしたブースを作ったの」

「先日のパンフレットのイメージですか？」

「そうよ、ブースの看板のコピー、若いお客さまに目的意識を持ってもらえるように考えたのよ。秋山さんにバシッと指摘してもらったおかげよ」

「それは光栄です。なぁ、秋山」

…私のおかげ…？

「天野さん、パネル、この位置です。どうですかぁ」

辻原さんがパネルを指す。天野さんはパネルの場所を見てから、ブース全体を見回した。

「どのお客さまからも見やすい位置なら…うん、いいんじゃない。こうしてみると結構広いわね。マイクは？　ピンマイク？　スタンド？」

「両方あるはずですよぉ。念のため確認してきます」

辻原さんは携帯をかけながら奥のほうに行った。辻原さんを見送ってから山口さんが天野さんに聞く。

「もしかして、天野さんが講師ですか？」

「そうなのよ。講師ってガラじゃないのにね。なんだかこんなことになってしまって。まぁ決まったからには、しっかりやるしかないんだけど。そうそう、72の法則ってご存知ですか？」

私が首を振る横で山口さんは、

「聞いたことはあったんですが、この仕事いただくまで、詳しく知りませんでした。いやあ勉強になりました」

と答える。

「山口さんも秋山さんも、今、ちょっと時間いいかしら？」

「はい、僕ら大丈夫です。何か？」

「ちょっと説明を聞いていただけるかしら？　私、講師は初めてなのよ。貴重な時間申し訳ないんだけど…」

「いやいや喜んで」

壁に立てかけてあるパイプ椅子を広げて腰掛けた。〝法則〟の話？　よっちゃんなら得意だろうけど…私はエンタメ業界に得意になりたいな…

「まず、話の初めに言おうと思ってるのは、資産の蓄積で特に注意しないといけないのはその運用率が物価上昇率に負けないようにする、ってことなの。つまり、資産デフレ、資産の目減りを起こさないようにすることね」

天野さんは、山口さんと私の二人の顔を交互にじっと見る。

「やっぱりちょっと唐突な感じ…かしら？」

…唐突っていうか、意味わかんない…でも山口さんは首を振る。

「あー、いやいや、そんなことありません。素人なもんで初歩的な質問ですが…資産の蓄積って、お金を増やすってことやないんですか？」

「ええ、だから、何のためにお金を増やすか、ってことなんですけど、たとえば、今、100万円で販売されている車があるとします。同じ機能の新車が20年後には2倍の200万円になっていたとします。つまり、物価上昇ね。そうしたら、今手元にある

１００万円が、２００万円に増えていたとしても、実質的にお金の価値、つまり、新車との交換価値は変わらないことになりますよね。手元のお金が２００万円より少なければ、車は買えない。それって、お金の実質的な価値は下落しているという状態になります」

山口さんは、はい、はい、と言いながら大きくうなずく。

「秋山さん、どう？」

「運転免許はとりましたけど、車はまだ持ってないんで…」

「秋山が車を持ってるかどうかは関係ないやろ」

天野さんは、「なるほど…」と言ってちょっと悩んでる。

「秋山さん、ケリーメスのバッグならどうかしら？」

ケリーメスなら知ってる。フランスの超有名ブランド。

「ケリーメスのバッグ、欲しいです。でも買えません…」

「秋山が欲しいかどうかも関係ないやろ」

山口さんの注意をよそに、天野さんは私にだけ向いて話す。

「たとえば、たとえばよ、ケリーメスのバッグが、今50万円として、まったく同じ型のバッグが、物価の上昇で100万円になったとするわね。今持ってる50万円が、バッグと交換できる100万円になっていれば、バッグは買えるわよね。バッグとお金を交換することはできる。でも、100万円になっていなければ？」

「バッグは買えません」

今でも買えない。

「買えないってことは、手元のお金の価値は下がってしまってるってことでしょ」

欲しいなぁ。ケリーメスのバッグ。それ持って、映画会社とか、テレビ局とかに行きたい。

「手元のお金の交換価値が下がらないように、モノの値段の上昇より多く、お金が増えていないと資産にならない。つまり、手元のお金が100万円以上になる利回りが必要になるわけなんです」

交換価値が下がらないようにお金を増やす…？

「そもそもお金の運用って、元本×期間×利回りという掛け算の結果でしかないんですよ」

「あぁ、10万円を1年間、1%で運用したら101000円になるってことですよね」

山口さんは合点がいくように相槌をうつ。

「そうです。要するに運用の結果は掛け算で、掛け算の目安を探る方法として、また、それ以上に、時間を味方にする、っていうことをお伝えするために、『72の法則』をご案内しようと思ってるのよ」

時間を味方にする…

「天野さん、僕が好きなプロ野球球団のポスターに、『若さを武器にする』っていうコピーがありました。それを思い出します」

山口さん、野球好き?

「『若さを武器にする』って、それ、いいわね。でも実際は、『若さは若さを無駄遣いする』っていう言葉の通りじゃない?」

山口さん、どの球団が好きなの?

「山口さんに作っていただいたあのパネルの通り、『72÷利回り=年数』、という数式にあてはめると、元本がほぼ倍になる複利の利率と、達成する年数の目安がわかります。ちょっとパンフレット使ってもいいかしら？」

「あぁ、僕取ってきます。袋、開けちゃっていいですか？」

山口さんが、パンフレットを3枚持ってきてくれた。

「たとえば、5・5％で計算するとね、仮に30歳の人がそれまで蓄積した500万円を、ずっと手をつけずに運用した場合、72の法則で計算すると、約13年で元本が倍になるってわかるんです。43歳で1000万ってことね。そして次の13年で、その1000万が倍の2000万円」

「500万が2000万ですか？　僕もうすぐ30歳ですけど、30歳までにがんばって500万貯めたくなりますわ」

「5・5％っていうのは、多くの厚生年金基金の運用が目標にしている利回りなんですけどね、その5・5％で計算すると、定年退職の頃までにたとえば2000万円を目標にした場合、30歳の人は元本を500万円でスタートできるけど、43歳の人は元本を1000万円用意するか、より高い利回りを狙って不確実性の高い運用先を選ばないと目標には到達できないことになるわけで、要するに、早く始めていただきたいってことなんです。運用期間が短いと、多くのお金があっても、達成できる目標額は少なくなってしまうから」

天野さんはパンフレットを伏せた。

「もちろん、５・５％の利回りで運用するためには、そのための運用計画が必要となりますけどね。どう、伝わってるかしら？」

え－っと…

「早く始めたほうがいい…ってことですか？」

「秋山さん、いいこと言ってくれるわ。そうよ、それなのよ。72の法則は『資産運用を始めるのであれば、早いに越したことはありません』っていうことを、お伝えしたいのよ。秋山さん、どう感じます？」

え～っとぉ…膝に手を置いて、ちょっと姿勢を正した。

「今、預金の利回りって低いんですよね。自分でどんなに早く始めても、ものすごーくながーい時間が必要になってしまうと思うんですけど…」

「そうね。さっきも言いましたけど、お金の運用は、元本×期間×利回りという掛け算の結果でしかなくて、もし、元本と期間を動かせないなら、利回りを上げないと目標とする金額まで増えることはありませんよね。もちろん、必要な利回りは、人それぞれ異なります」

「人それぞれですか…？」

「そりゃそうだよ。必要な資金も、年齢も、人それぞれ違う。天野さん、そういうことですよね？」

山口さんが話に割り込んできた。

「ええ、まぁ。お金に対する考え方は人それぞれだとは思うけど、現在の預金金利で十分だと考えている人は多くはないと思うんですよね」

「僕はそんな人はまずいないと思いますよっ」

…ううん、いる。水玉ネクタイの内村さんとネコネクタイの中野さん…

「資産運用を考える場合、運用先には不確実性があって、それが重要なんだけど、それと合わせて、72の法則を使って、物価上昇に負けないリターンを得られる運用先を選ぶっていうこともお知らせしたいのよね」

内村さんや中野さんはこの法則知ってるのかな？

「より多く増やしたいとすればするほどね、また、より短い期間で目標額を達成しようとすればするほど、そのための必要利回りは高くなることを、72の法則は示しているわけなんですけどね、預金金利の上昇が期待しづらいとすれば、何らかの不確実性を受け入れた結果として高い利回りを期待するのが一つの選択肢となる、つまり、個人個人が自分で投資を行っていく、ということが必要になってきます」

「将来のための投資…ですか？」

「ええ、将来のための」

「じゃあ、私のお父さん…じゃなくて、父や母にとっての資産運用って何ですか？」

「たとえば退職後のことを考えた時に、積み上げた資産にはできれば手をつけないで、利息だけで生活できればって考えても、低金利では、それが可能かどうか、不安に思う人は多いんじゃないかしら」

両親と一緒に暮らしてる私には、不安なんてないけど、お父さんやお母さんにはあるのかな？

「でも、いたずらに不安になるのではなくて、いくらあればどれだけ長持ちするのか、ってことを知ることで、考え方を一歩前に進めることができると思います」

「いくらあればどれだけ長持ち…ですか？」

「ええ、そんなに難しい計算ではなくてね、たとえば20年間、今のような利息で預金に置きながら毎月取り崩して生活費を補おうとすると、元本1000万円なら毎月の取り崩し可能額は4万円くらい。この計算で20年経つと預金が底をつきます。それでね、多くの場合、退職後の収入の大半は年金になるんだけど、その足しとして、月に4万円は多いかしら、少ないかしら」

年金プラス月に4万…

「多分少ないと思います」

「そうね。だから、いざというとき頼りがいのある資産として、自分はいくらくらい用意しておきたいかを確認することは、重要だと思うの。不透明な今だからこそ」

いくらくらい用意しておきたいか確認する…

「漠然とした不安って、なんとなく不安であればあるほど、何もしないってことあるじゃない？」

たしかに…

「不安が具体的になって初めて、何をしなければいけないかがわかるし、やらなければいけないって、本気になってくるように思うのよ」

「天野さぁん」

辻原さんが天野さんを呼びながらこちらに向かって歩いてくる。

「マイク、どっちもOKです。当日、好きなほうを使ってください」

「ありがとう。じゃあついでに、美白用のライトもお願いしようかしら」

「え？　何ですかぁ？」

「いえいえ冗談よ、何でもないのよ」

天野さんは辻原さんに向かって手を振る。

「天野さん、天野さんならそんなんなくても…」

「山口さん、何？　お世辞なら途中でやめちゃダメよ。ま、そんなことは置いておいて。で、私が担当するセミナーは、そんな感じの内容にしようと思ってるの。どうお思いになります？」

「いやぁ、とにかくお金はたくさん欲しいって、それしかありませんでしたからね。何のために増やすのか、なんて、思っていませんでしたよ。自分にいくら必要か、まずそれを考えることから始めるってことですね。多くの人は、投資っていうと、儲けるためっていう意識じゃないですかね。なぁ秋山」

「はい。あのぉ、でも、先のことって、わからないっていうか…」

私にとっての将来は、まず営業第一部に異動すること…

「そうね。ただね、わからないからっていう理由で成り行き任せにするのではなくて、果敢に準備するっていう気持ちを若い人には持っていただきたいのよね。先がわからないからこそ」

でも…

私がさらに言おうとしたのを察したのか、山口さんが腰を上げた。

「では、天野さん、僕らそろそろ失礼します」

「山口さん、秋山さん、すみませんね、付き合わせてしまって」

「いえいえ、勉強になりました」

山口さんはパイプ椅子を三つたたんで、元あった場所に立てかけた。

「天野さん、ありがとうございました。辻原さん、もし何かあったら、いつでも電話ください」

「了解、ですぅ」

「ほかのブースもひと回り確認してきます。何かあれば、ご連絡ください」


ベニア板の上をときどき滑りそうになりながら歩く。次にベニア板の上を歩く時はヒールで来るのはやめよう。ベニアの凸凹がないところは、足元を見ずに周りを見る余裕がある。顔を上げるとオレンジ色を基調にしたブースがある。ブースには、横長の看板がかかってる。まだビニールシートがかかってるけど、そこには…

■時間の力

■早く始めて。今からスタート。

「冊子をイメージしたブースや。本番楽しみやな」

「はい」

「パネルの確認をもう一つしておきたいんだよなあ。この突き当りのブースのはずなんや」

向かおうとしてる先は一段と大きなブース。

正面に大きなパネル。山口さんの机の上にあったゲラと同じだ。大きなマルが三つある。山口さんのデスクで見たものと同じデザイン。このセミナーブースにかけるパネルだったんだ。パネルの前で腕組みしてる男性が、先に私達に気づいて近づいてきてくれた。メガネをかけたキリッとした雰囲気の男性。

「神田さん、どうもお疲れさまです。順調ですか？」

「あぁ山口さん、今のところ順調です。パネルも設置しました。結構目立ちますよ」

「そうですねぇ。遠くからも目に入りますよ。何か問題はありませんか」

「特には。あ、ミヨシさんには関係ないんですが、予定していた講演者が突然に海外出張になってしまって、名前を入れてたんでパンフレット関係では若干慌てましたが、後は問題ありませんね」

「そうですか。そうだ、遅くなりましたが、神田さん、ウチの新人、紹介させてください。秋山といいます」

あ、名刺、名刺。

「秋山と申します。山口と一緒に担当させていただきます。よろしくお願いいたします」

「天野と同じマーケティング部の神田です。ミヨシ広告さんで女性の担当は初めてだなあ。よろしく」

ここでも丁寧に名刺交換。

「じゃあ神田さん、何かありましたらご連絡ください」

「ええ」

「じゃあ失礼いたします」

金財ホールから帰る電車の中で、山口さんが会社にメール。今から戻りますっていうメールと、それから、市場動向をチェックしてるみたい。私も同じふりをして、メールチェック。よっちゃんから返事が来ていた。研究中にメールしてくれて大丈夫なのかな。

なっちゃん
その法則の提唱者って、アインシュタイン説とルカ・パチョーリ説と諸説あるやつじゃない？

私のおばあちゃん、昔は銀行に預けると10年で倍になったものよ、って言ってた。8％なら、72÷8だから9年だもんね。このことだね。複利の計算が簡単にできるって便利だよね。

研究室で法則っていうと論文レベルだけど、それは簡単な法則だもんねぇ。

3倍になるのにかかる期間を求めるなら１１４の法則っていうのも

あるんじゃなかったかな？　化石や地層の年代を調べる指標には、反対に「半減期」っていうのがあるよ。

それにしても便利だね〜

息抜きに、今の利率で研究資金を倍にする期間計算してびっくりだよ。

こりゃ世の中厳しいね。。。(+_+)

ところで、あさって、駅前のROUNDでゆかりんとご飯食べるけど、なっちゃんも来ない？

ゆかりん、あさっては日勤なんだって。

ゆかりん、久しぶり〜。片岡ゆかり、ゆかりんは、よっちゃんと同じく私にとってのイツメン。高校の時はいつも三人一緒だった。ゆかりんは高校を卒業したあと看護学校に進学して、今は看護師の仕事をしてる。休みが不規則でなかなか会えなかった。

女子会、絶対行かなきゃ。…で、ルカ・パチョーリってだれ？

「ただいま戻りました～」山口さんはフロアに入る時は決まってこう言う。部長席に本田部長はいない。山口さんはすぐPCを立ち上げてメールしてる。今日の報告かな。私はOJT日誌に記入。

しばらくして山口さんから本田部長あてのメールが送られてきた。Ccで私にも。うらら銀行の辻原さんと神田さんに、順調であることを確認したこと、会場全体のブースの場所とかを確認したこと、そして、72の法則について、資産運用って早く考えるに越したことはないんだな、っていう山口さんなりの感想。それと、パネルを納入したセミナーの講演者が替わって、パンフレット制作を請け負った会社は対応を追われているらしいこと。ウチは問題ないと神田さんに確認したことが報告されていた。

メールを読み終わった頃、山口さんに

「秋山、うらら銀行さんのパネルのゲラ、そのラックに入れておいてくれ」

と差し出された。

それを見て思い出した。内村さんって方と中野さんって方が来たこと。

「山口さん、そういえば、内村さんと中野さんがいらっしゃいました」

「いつ？　午前中か？」

「はいそうです」

「なんだって？」

「いいえ、用件は何も」

「秋山、それだけか!?」

「はい」

「はい、やないやろ！」

突然大きな声。……え？　何？

「どんな用なのか、秋山は聞かんかったんやろ？　もし、クライアントやったら、先方が『いいです』と言うたってな、メールや電話や、すぐ連絡をとれる方法があるんやから、せなあかんぞ。『いいです』にはいろんな意味があるんや。遠慮されてることもあるし、だったら他社に依頼するってこともあるかもしれへん。すぐに対応できるもんが、ちょっと時間をおいたためにできんようになることもある。そんなことは直に聞いてみな、わからんもんや。それに、たいしたことなくても、すぐに連絡してくれたら嬉しいやろ。あんな秋山、営業の仕事っちゅうのはな、相手のことを気にかけて、信頼関係を築いていくことなんや。そもそも、すぐ顔を合わせたんやから、言わなあかんやろ。忘れるか普通？　内村さんと中野が来たのは多分ランチの誘いだろうけど、クライアントやったら、絶対あかんぞ、そんなん」

…山口さんはすごく怒ってる。怒り続けてる…そんなに怒らなくても…社内の人だし、そもそもランチの誘いなんでしょ？　やっぱり第五はいや…

「第五はな、金融機関がクライアントや。もしクライアントやったら、泣いても許されんぞ」

首を振った。お母さんに、会社で泣いてはダメって言われたから…泣くならトイレに行きなさいって言われたから…

トイレに行こうとしたら、入れ違いに本田部長が戻ってきた。一度トイレに行って、ちょっとだけめそっとして、戻って受信トレイを明けてみた。メールに本田部長の返信が入ってる。

To　山口
Cc　秋山

Re:うらら銀行さんセミナーの件　報告

納品ほか確認了解。
講演者変更の影響は再度要確認。

坂道を登る場合、

ん？　なぜ突然坂道の話？

坂道を登る場合、一定のスピードで登るとしたら、当然、先にスタートしたほうが、より高いところまで早く辿り着く。後からスタートしたほうが、先行したほうと同じ場所に同じ時間に辿り着くためには、より早いスピードで登っていかなくてはならない。それを資産運用で考えた場合、今回のパネルの概算計算になるんだろう。

要するに、資産運用における遅延の代償ってことだな。

インフレの怖さを知る場合にも使えないか？　一定の割合でインフレが進んだ場合、お金の価値が半分になるにはおおよそ何年かかるかを計算できるな。

ともかく、日本は若年層の投資者が少ないようだから、若い世代へどうアピールしていくかが、鍵なんだろうな。

本田

「秋山、本田部長のメール見たか？」

さっきまで激怒してた山口さんとは声のトーンが違う。

「たとえばインフレ率が2％の場合、全く運用を行わなければ、お金の価値は72÷2＝36。36年で、お金の価値は半分になる、ってことやな。ほぉ。気づかなんだわ」

3

UFO、年金、自己責任

山口さんは、現場からあがってきたゲラと、運用会社からの目論見書の原稿を、目を皿のようにして一字一句照合してる。『話しかけるなオーラ』が出てる間、私は、「よく読んで勉強しておけ」と渡された、すでに発行された目論見書を読む。

カラフルで図表はいっぱいあるけど、楽しさを感じない。ってゆーか、日本語がよくわかんない。天野さんは、『若い人にこそ知っていただきたい』とかって言ってたけど、やっぱり私には別世界って感じ…

「秋山にも、目論見書、そろそろ手伝うてもらうからな」

「もくろむんですか…？」

「だから言ったやろ、今は、説明書っていうんや、セッ・メイ・ショや。まだ第一がええとか第二にいきたいとか、思っとるんとちゃうやろな」

だって…言い訳を考えてたら山口さんの携帯電話が鳴った。

「はい。山口です。あぁ神田さん、お世話になります」

昨日お会いしたうらら銀行の神田さんかな。

「え？　えーっ!?　と、とりあえずすぐうかがいますっ」

山口さんは携帯を持ったまま慌てて部長の席に行って二言三言言って、席に戻ると、机の上のたくさんの資料を、急いでかつ丁寧に引き出しの中に入れて鍵をかける。

「秋山、行くで。金財ホールや」

私も？

「あ、ちょちょちょっとだけ待ってください」

「はよせぇや」

急にそんな…読んでいた目論見書をパソコン横のラックにしまった。神田さんってことは、うらら銀行、うらら銀行ってことは、金財ホールのセミナー、ってことは…
昨日、勉強のためにと思って縮小コピーしておいたゲラをバッグに入れた。

金財ホールへ向かいながら山口さんが説明してくれた。神田さん担当のブースで当初予定していたセミナー講師が急な海外出張になってしまって、別の人が講師をすることになった。そこまでは昨日聞いた通りなんだけど、その人が下見で会場に来て、初めてパネルを見て、内容に納得いかないらしい。修正するか作り直すか、どちらかできないか相談したいっていう電話だったみたい。

またベニア板の上を歩くとは思ってなかった…今日も靴はヒール…場所はもうわかってるから、あのブースへ一目散。山口さんに遅れないように小走りにするけどベニア板は滑って走りにくい。ベニア板には、搬入機材をひきずったキズやら何やらでいろいろな痕があって、昨日より黒っぽくなってる。
問題の起きたブースに着くと、昨日見た通りに、正面に大きなパネル。そしてパネルの前には四人の人が立ってる。一人はおでこに手をあて、一人は両腕を頭の後ろに組んで、一人は腕組みして。腕組みしてるのが神田さんだ。そしてショートヘアでパンツスーツの女性がパネルを何度も指差してる。激しい動作で何度も。超小顔。でも怒りがあふれてる。声が聞えるところまで怖々と近づいた。

腕組みしてる神田さんが私達に気づいた。頭をかくような仕草をしながら近づいてくる。

「山口さん、すみませんね」

「神田さん、どういう状況なんですか？」

「ちょっと参ってましてね…」

「パネルに何か問題でもありましたか？」

「いや、モノはお願いした通りなんですがね、ウチの資産運用調査室の人間がちょっと…」

ショートヘアの小顔の女性のこと？　ブースに近づくと声がはっきり聞こえてくる。

「…だからね、『生活資金は流動性の高い預金』で、『中期的な資金は安定性の高い国債』とかで、『余剰資金は収益性の高い株式や投資信託』って、こういうのが誤解させるのよ。こういうの、どうにかならないの？　〝投資は余ったお金で行うもの〟っていう意識を強くさせてしまうと思わない？」

それの何を怒ってるの？

「本来は、資金の不足をいかに補うか、という観点で考えていただかないといけないんじゃないの？　今回のこのセミナーは、若い方が対象なんでしょ？　退職後の生活に不安がある人ほど、投資を行っていないのよ。直面してる社会環境を考えれば、若い方にこそ、長い時間をかける資産形成の方法をお知らせしないといけないんじゃないの？」

残った二人のうちの一人が答える。

「香坂さん、もうこれは変更できないんで…」

「スピーカーは私よ」

山口さんが隣にいる神田さんに小声で聞く。

「あの…新しい講師の方は、パネルの内容をご存知なかったんですか？」

「ええ、まぁ」

「神田さん、今からパネルの作り直しはしんどいといいますか、なんというたらいいか…」

クライアントの前でも、不安になると関西弁…

「そうですよね。わかってますよ、山口さん」

『コウサカ』と呼ばれた小顔でショートヘアーの女性は怒り続けてる。

「収益性資産の株式や投資信託も、毎月時間分散すればリスクは低くなるわよ。これだけではそう見えないでしょ。そう思わない？」

「そこは香坂さんのご説明で…」

「もちろん、私は言うわよ。でも、このパネルはかけっぱなしでしょ」

「でもこれって一般によく使う説明ですよ」

「『一般に』って、そういう前例主義のようなこと、やめない？　日本の投信の普及度を考えてみてよ。そうすれば、前例は間違いってことになるんじゃないの？」

「それはちょっと極論では…」

聞いてる二人の男性は、下を向いたり、顔を上げたりして困ってる感じ。

「投資信託の販売会社が、若い方達に、『余ったお金で投資してください』なんて、嫌なのよ。『余裕資金があったら投資信託でもいかがですか』なんて言ってたら、若い人達の資産形成を遅らせてしまうばっかりよ」

「それは飛躍し過ぎじゃあ…」

「そういうことじゃないの？　日本は、アメリカと比べると、資産形成層ほど保守的なのよ」

男性達が何を言っても強い口調で反論する。こんな女性が先輩だったらおっかないだろうな…

「本来若者は積極的になれるはずなのよ。アメリカでは、7割の人が退職後の資金に充てるっていう明確な投資目的を持ってるのに、日本の投資者は、無目的の余裕資金で投資してるって人が多いのよ。これが、保有期間の違いになるのよ」

コウサカさん、どうしてそんなに怒るの？　山口さんはそわそわした感じ。「今からの修正はどうやっても無理や…」ってつぶやいてる。

「アメリカでは、投資信託といえば、10年以上保有する人がほとんどなのに、日本では、3、4年なのよ。目的意識を持ってないってことなのよ」

それが何なんだろ…？

「いくら余裕資金でも、目的のはっきりしない資金で投資信託を購入すると、目先の変動に過剰に反応することになるじゃないの。それって、結局、投資期間が短くなってしまうってことにならない？　本来、一喜一憂する必要のない個人の資金が、移動しやすくなってしまうのよ。『上がったら買う、下がったら売る』っていう行動を引き起こさせるのよ。一か八かの投機みたいに思わせることになるのよ」

あ、一か八かって、昨日第一の内村さんが言ってたことだ。

「…しかしここで日米比較を持ち出しても、いろいろ制度も違いますし…」

「日米の違いを言いたいんじゃないわ。金融機関ができることとして、こうしてセミナーを開催するんじゃないの。家計の大半は、投資をよく知らないまま不安を感じて、その結果、何もしないっていうのが現状なのよ」

知らなければ何もしないのは当然。

「若者は特にそうでしょ。投資信託そのものが信認を得ないと。いかにして投資信託が誕生したか、そういうことを説明するべきじゃないの」

「ですから、それは香坂さんのお話のなかでご説明いただいて…」

「このパネルのことを言ってるのよ。いかにも余ったお金でないと投資できないような印象を与えては、いつまでたっても、長い時間をかける資産形成なんて、知っていただけないわよ、って言ってるの」

初めて聞く、こんなこと…彼女はホントに怒ってる。真剣に怒ってる。

「目先のことを考えた投資と、長い目で見た時の投資は違うでしょ。若い人には、長い目で見た資産形成を考えてもらわないといけないんじゃないの？」

だれも味方してないのに、女性が一人で怒ってる。ひるまない。すごい。

頭の後ろで手を組んでる男性が、その手をほどいて、胸の前で組みながら言う。呆れて言い捨てるように。

「リスク許容度を踏まえれば、余裕資金で、っていうのが一般的ですよ」

リスク許容度ってよくわかんないけど、でも、投資のイメージはお金の余ってる人がすることって思うよ。第一の人もそう言ってたし。

「リスク許容度っていうけど、お客さま自身が目的達成のためにリスクをとったという認識をされていれば、一喜一憂して慌てることは少なくなるんじゃないの？　投資信託の購入が目的ではなくて、あくまで手段であるようにご案内しないといけないんじゃないかしら。退職後の所得の確保というような運用目的が明確であれば、じっくり腰を据えた投資になるでしょ。投資信託は、そのための手段、ということを若いお客さまに伝えることが、販売会社の責務じゃないの？」

怒りはおさまらない。パネル一つでこんなに怒るなんて…山口さんもじーっと見てるだけ。山口さんの心配度合いが私にも伝わってくる…

「山口さん…」

「なんや？」

「私達、何か失敗したんですか？」

「怖いことをさらっと言うな。俺らのミスやない…と思う…」

山口さんは、『ですよね？』って言いたげに神田さんの顔色をうかがってる。けど、神田さんはぴくりとも動かずにブース内のやりとりを見てる。

香坂さんは、困ってる二人の男性達に続けて言う。

「若いうちから将来のための資産を形成していく必要性が高まっているなかで、投資信託を長期投資にふさわしい商品だと理解していただくようにしていくためには、今何が必要だと思うの？」

だれも反応しない……

「日本ではまだ、個人金融資産に占める投資商品の比率が低いでしょ。しかも、若い人ほど投資商品の保有割合が少なく、高齢者になるほど高くなっていく。本来、リスクテイクできるはずの若い人がリスクをとらずに、収益を得る機会を逃している一方で、あまりリスクテイクすべきではない高齢の方がリスクをとって、元本欠損の可能性を抱えている。本当は逆でしょ。これは、金融機関が商品を販売することにウエイトを置くあまりに、お客さまに投資に関するきちんとした情報が伝わっていないからじゃないの？」

……リスクテイク……『リスク』ってよく出てくる言葉だけど。

神田さんが動いた。意を決したように、『火中』に歩いていった。

「香坂さん、わかりました。じゃあパネル、替えましょう」

「えー！」っていう山口さんの心の叫びが聞こえた。

「こっちのパネルに」

気づかなかったけど、ブースの角に、裏返しにしてあるパネルがいくつもあって、神田さんはあるパネルを取り出した。

100の法則
100マイナス年齢
100から年齢を差し引いた値の割合をリスク資産に投資する。

「これ、今回は見送ろうと思ったパネルですが、これにしましょうか」

「ふーん。そうねぇ。これ、いいんじゃない」

また法則だ。山口さんを見ると、安堵とも落胆とも言えない顔。

「山口さん、どういうことですか？」

「どういうって、どっちが？　パネルを替えられたことか？　それとも『１００の法則』の意味か？」

「りょ、両方です…」

「あのパネルは、前に別のセミナーの時にウチで作ったパネルや…今回のために作ったパネルはボツってことや…」

で、１００は…？

「１００の法則はな、アメリカでは目安としていわれていることなんやと。１００から自分の年齢を差し引いた値のパーセント分だけリスク資産に投資すべきとするもので、たとえば、自分の年齢が30歳だとすると、１００－30＝70％となる。投資期間やリスク許容度、金融資産の状況とか、さまざまなことを考えてみると、この経験則は意外に参考になるっちゅう話や」

「それって、私なら、８割近く、そのリスク資産とかに投資しないといけないってこと？　すっごぉい。リスク資産って、株とか、もくろんでる投資信託とか、そういうのですよね？」

「秋山、いい加減に〝もくろんでる〟って言うのはやめろ。正式には目論見書だけど、説明書なんや。今は秋山に目論見書の説明してる状況やない」

この法則だと、投資ってお金を持ってる人達がするもの、ってことと反対…

山口さんの冷や冷やした様子とは反対に、香坂さんは少し穏やかになったけど、それでもまだ話は終わってない。

「じゃあリスクの意味を説明するパネルはないの？　ポスターでもいいんだけど。なければ急いで作ってもらってほしいわね」

山口さんは今度は震え出した。泣きそうな顔してる。心のなかで〝ムリムリ〟って言ってるのが聞こえてくる。

神田さんが落ち着いた様子で足元に置いてある茶色の紙の包みを開け、中から冊子を取り出した。ペラペラとめくってから、香坂さんに目当てのページを向ける。

「これはどうですか？　このページのデータを、映し出すスライドに追加します。合わせて、セミナーにご参加くださるお客さん全員に配りましょう」

山口さんの震えがちょっとおさまった？　安堵感が伝わってくる。携帯にかける準備をしてる。神田さんがこちらに近づいてくる。

「山口さん、この冊子は、ミヨシさんで作っていただきましたよね。データを送ってください」

「はいっ。すぐに」

「それと、急ぎ冊子の追加をお願いします」

「こちらの冊子なら在庫は十分あります。急いで手配しますっ。すぐ社に電話しますんで」

山口さんはかなり明るい調子になって、少し離れて電話してる。ブースでは、香坂さんが神田さんから渡された冊子を見ながらつぶやいてる。

「日常生活では『リスク』というと、『危険』っていうイメージが強くて、金融商品に関するリスクって、元本が減ることだと思われがち。だけど投資においては、将来に起きる結果の〝不確実性〟を意味する。将来の期待リターンが不確実なこと。期待しているリターンが予定通りに得られない可能性…そうね、この図なら大丈夫ね」

それまで心配そうにしてた男性達は、みんなほっとした様子で散り散りに離れていった。何かこそこそ言い合いながら。

香坂さんはブースに設置してある演台の奥に立った。演台にマイクが置いてあるけど、スイッチは入れずに喋り出した。

「こちらのブースでは、『20代からの資産形成』というテーマでお話しさせていただきます」

リハーサル？　ベニア板にも慣れてきたことだし、山口さんの電話も長引きそうだし、聞いてみよっかな。

「このセミナーでお話しさせていただきますのは3点です。投資が必要な理由、投資と投資信託、それから積立投資についてです」

まだ椅子も並んでない空間に向かって話してる。モニターもついてない。何も見てない。

「投資が必要なのは、人生にはお金がかかり、社会保障にも将来に不安があるといわれ、個人個人の努力が必要になっていくからです。人生にはいろいろなイベントがあります。もちろん、人それぞれライフスタイルは異なりますから、一律でいえることではないかもしれませんし、また、ご両親からの援助ということもあるでしょうから、ご自分とは関係ないと、実感を持たれない方もいらっしゃるかもしれません」

さっき怒ってた時の様子とは全然違う。やさしい。笑顔がかわいい。

「でも、どなたにとっても必要になると思われるのは、退職後の資金です」

ちょっと声が大きくなった。

「みなさまには、これから50年60年という人生が待っています。みなさまが退職される頃は、定年は60歳ではないかもしれませんが、それでも退職後、10年、20年、あるいは30年という人生があるでしょう。そんな退職後の人生をゆとりを持って生活を送っていくためには、夫婦で月々38万円くらい必要だろうといわれています」

生活費ってそんなにかかってるの？　ウチでもそうなのかなぁ？　そんなに必要？

「退職後は贅沢しない、年金でまかなえるくらいの暮らしで十分、と思われる方もいらっしゃるかもしれませんが、その年金も、制度の不安が指摘されています」

香坂さんは、ブース全体を見回すように話す。私のことは目に入ってなさそうだから大丈夫。

「今、年金を受け取っている方々は、日常に必要な分をまかなえているようですが、20代のみなさんが年金を受け取られる頃は、今のようにはいかなくなっているかもしれません。テレビや新聞などでご存じの方もいらっしゃると思いますが、年金財政的に厳しい時代がやってくるといわれています」

それって、山口さんが『かたぐるま』って言ってたこと？

「年金制度は、日本だけではなく、他の先進国でも維持することが不安視されていて、アメリカの若者は、年金のような社会保障制度とUFOの存在では、UFOの存在を信じる若者のほうが多いといわれていたことがあるんです」

UFO？　よっちゃんと話したことある。よっちゃんは絶対信じないって。なんか難しいこと言いながら否定してた。そのUFOより年金が信じられない？

「昔は、今よりも国の経済成長率が高くて、収入は年齢とともに安定的に増えて、節約して貯金することでお金が貯まっていったでしょう。国や会社の制度に頼ることもできました。もちろん、節約して貯めていくお金を作ることも必要ですが、預貯金だけではなくて、これからは、自分で資産を作っていく、という姿勢が求められます。その手段が証券投資なんです」

何も見ないでスラスラ話してる。男性達が作業してることもまったく気にしないで。

「みなさん、証券投資というとどんなイメージがありますか？」

証券投資のイメージ… 証券も投資も…

「多くの方のイメージは、余裕のお金がある人がするものとか、投資は危ない、そしてお金の話はタブー、ということではないでしょうか」

そうそう。その通り。

「でも、将来に備えるための資産運用、という意識に変わりつつあります。学校では個人の資産運用について教えられませんでしたが、最近はお金について学ぶ場が増えてきました。こうしたセミナーをいろいろな機関が行っています。それから、これが大切なことですが、これまでは投資とか運用というと、とにかく増やしたい、一言で言えば儲けたい、という動機であったと思いますが、何のためにどのくらい増やしたいか、という目的を持って投資する、というように変わってきています」

さっきしきりに怒って主張してたことだ。もうちょっと聞いてたいけど、いい加減に足が疲れてきた。ちょっと周りを見たらちょうどパイプ椅子が一つあった。山口さんもまだ電話中だし、座っちゃおっと。

「簡単に申しますと、余ったお金で儲けるためにするという運用が、将来のために少しずつ増やしていくための運用へ、という身近なものになってきています」

あんなに真剣に怒ってたのを、かわいい笑顔に変えて話してる…笑顔も練習？

さっきの怖さからすると、このかわいい笑顔も真剣なんだろうなぁ…

「ここまでをまとめますと、まず、人生にはお金がかかります。でも将来の公的な制度には不安があって期待しにくい時代です。ご自身がどんなライフスタイルを送ることになるのか、まだ想像できない方もいらっしゃると思いますが、遠い将来に向けた準備としての目的を持って資産形成のための投資を考えていただきたいと思います」

『遠い将来』って遠いんだもん…営業第一部に異動してからでないと、先のことはわからない。

「次に投資についてです。投資をする前に知っておいていただきたいこと、それは、リスクとリターンの関係です」

リスクとリターン…第五に配属になってから、リスクっていう単語を何回も聞く。リスクは、危ないって意味でしょ。

「リスクもリターンも日常使う言葉だと思います。みなさんもよく口にされると思います」

使うかなぁ…ん…ときどき言うかな…

「リターンは、利益のことですが、リスクは、投資においては、『危険』という意味とは違う意味を持っています。リスクとは収益の不確実性のことをいいます」

え？　危険って意味じゃないの？

「不確実性といってもイメージがわきにくいでしょうか」

…私はエンタメ希望だったのに金融担当になってしまった…これも不確実性のせい？

「今、決まった価格があっても、将来いくらになるかわからない、上がるかもしれないし、下がるかもしれない、そういう状態を『不確実性がある』すなわち『リスクがある』という言い方をします。たとえば、ある資産の価格がこのように変化したとします。波のような線がありますね」

さっきの冊子のページを開いてる。リハーサルなのに、右手に持って、いろんな角度に向けて見せるようにしてる。あ、こっちの方向にも向けた。見えた見えた。

「この波の高さや低さの度合いのことをリスクといいます。専門的には、収益の変動、振れ幅、といいます」

波のような線、あるある。2本並んでる。緩やかな波と、大きな波。そのまま『波線』って言えばいいのに。

「高いリターンを得る機会があるということは、値動きの幅が大きい、不確実性が高い、ということです。ですから、高いリターンを得る反対の機会、大きな損失の機会もある、これを『リスクが高い』といいます。世の中には、リターンが高くてリスクが低い、といった金融商品はない、と思ってください」

…そうなの？　だったら…

「では、だったら投資はしない、元本を割れる可能性があるならイヤ、と思われるかもしれません」

思う、思う。怖いもん。

「ですが、リスク、変動の幅を小さくする方法があります。言い換えますと、安定的に収益を得ていくための方法ともいえます。その方法は3つあります。資産分散、長期投資、時間分散です。ここからは、この四文字熟語3つについてお話しします」

四文字熟語。3つならメモしておこっかな。

「まず一言ずつ申し上げます。資産分散とは、一つの資産だけではなくて、複数の資産に分けて投資するということです。長期投資とは、短い期間ではなくて、長い期間をかけて投資することです。『時間を味方にする』、ともいいます。このリスクの低減の方法を使うことができるのは、若いみなさんの特権でもあります。そして、」

ちょっと間をあけた。

「時間分散です」

『時間分散』っと。書けた。けど、時間分散って何？　時間を分散…意味わかんない。

「時間を分けるとは、投資する時期を分ける、つまり、自動積立投資のことです」

自動積立投資…？　あ、山口さんが戻ってきた。

「おっ、香坂さんリハーサル始めたな。なんや秋山メモしとるんか？　香坂さんの話に興味持ったか。ええこっちゃ。感心、感心、立派な第五の一員や」

…あんまり嬉しくない…

「で、何メモしとるんや？」

「四文字熟語です」

せっかく話を聞こうとしてるのに、「四文字熟語っちゅうと、一心不乱とか、品行方正とかか？」とかなんとか言うから香坂さんの話が聞きにくい。ブースではいろんな人が電気コードを引っ張ったり、ポスター貼ったり、忙しそうに動いてる。奥から神田さんが姿を出したのを見つけて、山口さんは、「神田さ～ん」って言って駆け寄っていった。ふぅ。しばらく戻ってきませんように。香坂さんは、ときどき手元の冊子に何か書きながら話し続ける。

「まず資産分散ですが、この線は、世界の株式に投資していた場合と、世界の債券に投資していた場合の価格の推移です。二つの線を比べますと、株式を表す線のほうが上にあって、債券のほうが下にあります。これは、リターンは株式のほうが高くて債券のほうが低いということです。一方、線の形状はどうでしょう。さきほどご覧いただいたような波の高さといいましょうか、線のブレの度合いはどうでしょう。株式のほうが波は激しくて、債券のほうが緩やかです」

また手元に何かメモしてる。株式と債券の違いがいまいちよくわからないなぁ。

「これはつまり、株式だけだったらリターンは高いけど、値動きが激しい。値動きの緩やかな債券だけでは株式に比べて期待できるリターンが低い、ということを表しています。では、どちらか一方だけではなくて、両方持っていたらどうでしょうか。それが次のページです。二つの線の間に太い線があります。両方に投資していた場合の結果です。線の形状、つまり波の度合いは、株式よりも緩やか、つまり、リスクは小さくなります。そして、リターンは債券よりも高い」

冊子、さっき山口さんからもらっておけばよかった。

「つまり、複数の異なる資産を組み合わせて投資すると、価格の変動は安定するといえるのです。これが一つ目のリスクを減らす方法です。次に長期投資です」

香坂さん、ここでちょっと止まってる。何か悩んでるみたい。だいぶ間を明けてから、再び話し始めた。

「世界の株式に投資した場合のお話ですが、過去40年のうち、いろんな期間をとってみて、元本割れ—つまり投資金額を下回ることですが—をしなかった割合に違いがあります。1年単位で計算した場合と、5年単位で計算した場合と、10年単位で計算した場合を比べてみると、10年単位で計算した結果が元本割れをしない確率が一番高いんです。つまり、投資する期間が長くなるにつれて、元本割れしない確率は高くなることがわかります」

40年のうち、10年単位だと元本割れしにくい？　ともかく投資したら、そのままにしておけばいいってこと？　じゃあ昨日の内村さんや中野さんは、そのままにしなかったから損したって話？　ん？　香坂さんは、『世界の』って言ってた。日本は違うってことかな？　香坂さんに聞いてみたい…

「ただ、長期投資の目的は長期でのリターンを得ることであって、長期保有自体が目的ではありません。放っておいていい、という意味ではありません」

何が違うの？

「長期投資と長期保有の違いを混同して、必要以上に損失を拡大してしまう、ということにならないようにするのも重要です」

難しくなってきた…

「長期投資とは、長期的な観点からの投資行動を、長年続ける、ということです。一方で長期保有というのは、単に購入した金融商品を長期にわたって持ち続けること。両者は同じ意味ではありません」

ん…メモしようがない。

「今後人口が減少していく日本経済には、一方的な右肩上がりの状況は期待しにくいといわれます。こういうマーケットを投資対象として考える場合は、単に長期保有するのではなくて、早めに売却することで利益を確定しながら損失を抑える、という長期投資のスタイルがよいといえますし、一方で、経済成長に期待が持てる中国やインドなど新興国の株式市場を投資対象として考える場合には、短期的には価格が上下しても、長期保有でも問題ないともいえるかもしれません」

中国もインドもよく知らない。卒業旅行はグアムだったし…

「ただ、投資のタイミングを図る、などということは難しいでしょう。そこで、ぜひご案内したいのが、三つ目の時間分散です。要するに、積立、自動積立投資です」

投資の積立？

「みなさん、値が上がったり、下がったりと、価格が変動する金融商品を購入するのは、元本が減る可能性があるから怖い、というイメージがありませんか？」

ある、ある。

「また、いつ購入していつ換金、つまり売却するのか、そんなタイミングに迷いがあるのではないでしょうか」

私は経験ないけど、きっとそう。

「たしかに、金融商品の価格が間違いなく常に上昇するのであれば、安い時にまとめて購入するべきです。そして高くなったら売却する」

それが儲かるってことだよね。

「理屈としては単純ですが、行動するのはとても難しいことです」

うん、難しそう。でも、どうして難しいの…？

「価格が上昇していく時は、だれもが安心して購入しますが、価格が下落していく時は、みんな不安になってしまって売却しようとします」

わかる。

「その結果、高い時に買って、安い時に売る、ということになりがちです」

…そうなんだ…

「積立投資は、そうした怖さをやわらげたり、迷いを解消できる仕組みです」

どういう意味なの？

「積立、つまり『定期的に一定金額ずつ購入する』ということは、価格が安い時は、より多い数量を購入して、価格が高い時はより少ない数量を購入する、ということになります。すると、平均的な取得価格を低く抑える効果を期待することができます」

ん…りょう…両？　漁？　取得とか価格とか言われても…

「たとえば、投資信託に毎月１０００円を投資していたとすると、１口あたり１

円のとき、『10000口』ということを購入するということになります」

クチっていうのは〝量〟の単位のことみたいだ。

「もし、価格が下がって1口あたり0・5円になったら、10000円で20000口という量を購入することになります。値下がりすればするほど、購入する量が、どんどん多くなります」

そんなことして何がいいの？

「資産の合計は、『価格×口数』ですから、価格が回復すると、量が多ければ資産が増えることになります」

ふぅん…

「まとまったお金で投資しなくても、少しずつ継続、つまり時間を分散することができれば、変動するなかで安定的に利益を得る可能性が高まることになります」

じゃあ、まとまったお金がなくっても、少しずつ、毎月、長い間投資するといいってこと？

「変動する金融商品は、間違いなく常に上昇するのであれば、安い時を見はからえばいいのですが、経済は生き物で、市場も日々変化します。上昇し続けることもなければ下落し続けるということもありません。どこか一つの国に偏ってみると、長期的な下落もありますが、世界全体の規模で考えれば、いろいろな出来事がありながらも、市場は上昇してきています。経済はゼロサムではなく、プラスサムで価値を生み出していくものですから、長期的にみれば、上がり下がりを繰り返しながら、上昇していくものといえます」

〝ゼロサム〟って、だれかが得したらその分だれかが損するっていう、ゼロサムゲームの〝ゼロサム〟？　で、経済はゼロサムではないってこと？

「ですから、下がる局面がありながら上昇を見込むことができる積立投資は、多くの方にふさわしい投資方法です」

ん…まとまったお金でなくて、少しずつ長く続ける。下がっても〝量〟が多くなるから、下がりっぱなしでなければ大丈夫…？

「市場のタイミングを図ることができればそれに越したことはありませんが、とても難しいことなんです。タイミングを図るよりも、いつから始めるか、ということのほうが、はるかに重要です」

私の周りには投資してる人っていなさそう。そんな話、したことないもん。

「若い方はあまり投資をされていないようですが、貯蓄事情をみてみますと、毎月貯蓄している人の割合は、年代別比較としてはとても少ないながら、それでも三人に一人は毎月貯蓄されているようです。ただ、自動積立投資サービスを利用している人の割合はとても少ないというのが現実です」

三人…よっちゃんとゆかりんに会うのは明日。聞いてみよっと。

「ここまでざっとリスクを抑える方法をご紹介しました。次に、具体的に、資産を分けるとか、毎月少額で投資し、それを見直しながら、長く続けていく、それを手軽に実現できる手段があります」

ここまで言ったところで、香坂さんが作業してる男性に声をかけた。

「ねえ、ターゲットイヤーファンドの資料ってどれを使うの?」

リハーサルの時と声のトーンが変わる。大人の女の人ってすごい。

「ちょっと待ってください」

男性がブースの奥からパンフレットを持ってきた。「これです」

香坂さんがちょっと険しい表情でパンフレットをめくってる時に携帯が鳴った。

「はい。香坂です。ええ、今、セミナー会場でリハーサルちっくなことしてます…あ、はい、そうですか。では戻ります」

香坂さんはブースから出ていった。チラっとこっちを見た感じがした。お話、終っちゃった。続きも聞きたかったな。『ターゲットイヤーファンド』って言ってたっけ。

パイプ椅子を戻したら山口さんが戻ってきた。

「あれ？　香坂さんは？」

「携帯が鳴って、あっちに行っちゃいました」

「そっか。秋山名刺交換したか？」

あ…

「してません」

「してへんのか？　あかんやないか。営業は名刺交換から始まるんやぞ」

はい…

「次の機会は必ず名刺交換せぇよ。営業に必要な四文字熟語や。メモしとき」

はい……

会社に戻って、山口さんは部長にパネル変更や一連のことをメール。さっき携帯で会社に連絡した時に、電話を受けてくれた人が部長に報告してあったみたいだけど、記録としても必ずメールはする決まりになってる。

その返信。

To　山口　秋山

Re:うらら銀行セミナー、変更等

パネル変更了解。

パネラーの香坂さんは、「資産運用の必要性」とか、「資産運用の目的の明確化」とか、本来最も重要である若い人への『気づき』が、販売会社からの情報から省略されてしまっているのかもしれない、という心配をしているように思えるな。「商品販売にウェイトが置かれていて、金融機関が行う投資教育的な情報が提供されていない」という気持ちを持っているんだろう。

人生に何が起こるかを示して、そのライフイベントが自分にとって必要でなければ、『今』欲しいものに使えばいい。重要なのは、そうしたことを『考えるかどうか』なんだろうな。

当社としては、セミナー後も、そうしたあたりの資料やウェブコンテンツを積極的に提案していくように。

本田

4

お金のスタイリストって…

今日は『ROUND』に行く日♪　朝からウキウキ。

山口さんに言われた目論見書の原稿の確認はとても目が疲れる。目論見書っていうのは、投資信託を購入するお客さんに必ず渡す説明書。そのなかに『運用実績』っていう項目があって、それが変わるから、定期的に改訂される。ちゃんと、改訂されたものを渡さないといけないから、改訂前のものとの違いがわかるように番号をつけたり、マークをつけたりして間違って改訂前のものを渡してはいけないように工夫されてる。それも合わせて、クライアントから入稿された原稿と、こちらで編集した校正中の原稿をしっかり確認するように言われたけど、どこが変わってるのか…

購入したお客さんに送る『運用報告書』っていうのもあって、そのまんま、運用実績を説明するもの。これももちろん改訂していく。運用実績によって改訂するものが二つ…効率的にできればいいのに…山口さんに言うと、「ウチの仕事が減るやろ」だって。

山口さんは目を皿のようにして一所懸命すみからすみまでチェックしてる。数字も文章も。

これって、『説明書』なんだよね。うらら銀行の天野さんも香坂さんも、「若い人に投資は必要だ、目的を持って、その手段として知って欲しい」って言ってたけど、この説明書、しっかり全部読めるかなぁ…

「どうや、秋山、少しは慣れたか?」

ん…素直に言うべきか、ちょっと背伸びするべきか…

「やっぱな」

まだ何も言ってないのに。

「はっきり顔に書いてある」

そう言われてしまうと…

「…難しいです…」

「俺もずーっとやってるから、まぁ慣れることができたかもしれんけど、慣れるまではまぁ、たしかにな…」

山口さんだってそう思ってる。

「それでもな、目論見書を『説明書』って表記するようになったり、信託報酬を『運用管理費用』って表記するようになったり、そもそも、えらい分厚かったものがこんな薄くなったんだぞ。ウチらの仕事にしたら、紙を使わんのはビジネス的に微妙やけどな。でも、もっと投資信託の良さをわかってもらえるように工夫されていったらええな」

「運用管理費用…投資信託って、運用と管理にもおカネがかかるんですか？」

「そうや、信託〝報酬〟っていわれるとお客さんがもらうもののように感じるやろ。信託報酬は、運用する運用会社と、お金を管理する信託銀行と、それからお客さんに運用報告書や明細書を送ったり、お客さんの対応をする販売会社に払うものなんや。

それを『運用管理費用』と表記するようになったんだ。すごい改善なんやぞ。費用といえば、購入時にかかる費用もあるな。ファンドごとに購入金額にかかる手数料率の上限が決まっていて、日本の場合は上限内で自由化されているから、しっかり確認せなあかん」

「基準カガクって何のことですか？　何の基準…ってゆーか、基準が変化するんですか？」

「基準価額っていうのは、毎日変わる時価のことだな」

ふぅん。じゃあ時価っていわれるほうがわかりやすいかも…

「投資信託ってな、毎日毎日時価が公表されるんや。株式も債券も、外国の資産も、いろんな資産に投資しているのに、毎日計算される。企業でいえば、毎日決算しているようなものなんやぞ」

「この『追加型』、『単位型』って何ですか？」

「投資信託には、運用が始まってから、いつでも追加して投資することができる、まぁ言ってみれば、いつでも購入可能なタイプと、運用が始まる前の一定期間しか購入申込みを受け付けない、購入期間限定なタイプがあるんや。投資信託説明書の表紙には、どちらかなのかが記載されてるんや」

だったら、直接、常時購入可能タイプ（追加型）とか、購入期間限定タイプ（単位型）って書いてくれたほうが早くわかるのに。

「ファミリーファンドってなんですか？　その前にファンドってなんですか？」

「立て続けやな…ファンドっていうのは、個々の投資信託や。ん…なんちゅうか、一つひとつの資金の塊やな。ファミリーファンドっていうのは、一つの運用会社が、いくつかのファンドの資金をまとめて運用する『合同運用方式』のことや。もともとは、毎月販売されていた同じ性格のファンドをまとめて、一つのファンドとして合同運用するようになったことで、この方式が始まったんやと。まとめて運用することで、別々に運用するよりも運用の効率化や規模のメリットが期待できるんや。複数の資産に投資するファンドの場合、合同運用方式が採られていることが多いんや」

ふぅん。じゃあ合同運用方式っていってくれればいいのに。

「どうしてファミリーっていうんですか？」

「たとえば、日本の株式、海外の株式、日本の債券、海外の債券とか、それぞれに投資するファンドを親としてマザーファンドって呼ぶんやけど、マザーのファンドに投資するファンドをベビーファンドって呼んで、販売されているのはベビーファンド。マザーとベビーでファミリー」

本田部長が部長会議から戻ってきて、私と山口さんのデスクに寄ってきた。

「秋山、少しは慣れたか」

ん…表紙に書いてある言葉がわからない…背伸びするべきか、まずはこの場をしのぐべきか…

「そうか」

そうかって…？

「顔を見ればわかる」

「…すみません。まだ慣れてません…」

山口さんだって、今は慣れたけど、って言ってる。

「たしかに、基本的にディスクロージャー、情報開示文書というものは、理解してもらわなければ何の意味もないだろうな。もちろん、理解できない人は投資信託を購入しなければいい、という考え方もあるのかもしれないが…しかし、そもそも投資信託は、自分で運用できるだけの知識や時間がない人が、だれかに運用してもらうということで存在している投資商品なんだろ？　とすると、情報提供は、だれにでも理解できる中身にしていく必要があるんじゃないか？　法律や規則で決められていることではあるが、そのなかで、わかりやすくしていくように努力している運用会社に対して、我々も真剣に対応しなければならない。山口、秋山、頼むぞ」

「あ、でも部長。いきなりクライアントに新人を同行訪問させてるのは第五だけみたいですけど、どうなんですかね？　いいんですか？」

「第五の部長は俺だ」

明快な返事に山口さんは納得した様子。

「はいっ。なるべく同行させるようにしますっ」

「おぅ、そうしてくれ。秋山もそれがいいだろ？」

ん…どうかなぁ…営業第一部ならそうしたいけど…

「秋山、ほな、午前にこの目論見書のデータ確認で、うららアセット会社のディスクロージャー部に目論見書の色校正を持って行く。午後は、うらら銀行の販売用の資料制作の打合せがある。うらら銀行のほうは同行しよか。場所はもうわかるよな」

〝もう〟って一回だけなのに…でも大丈夫。多分。

「天野さんのところですか？」

「部署はマーケティング部だけど、今回の資料は神田さんが担当や。資産運用調査室の香坂さんも打合せに入るらしい。受付では、マーケティング部の神田さんを訪ねることにしてある」

えーっ？　香坂さんって、パネルで怒ってた女性…！　えー嫌だなぁ。怖いよ。

「うらら銀行で使ってる販売用資料をいくつか用意しておけよ」

一人でクライアントを訪問するのは初めて。なんだかドキドキする。それに香坂さんも来るっていうし…

まずはビルの受付でマーケティング部の神田さんの名前を伝えて、入館証を首にかけてエレベーターに乗った。

案内された会議室には、山口さんと、それから、あの香坂さん。香坂さんと山口さんは談笑してる。私が入るとすぐに山口さんが立ち上がった。

「香坂さん、ウチの新人です」

ドキドキが自分で聞こえるくらい…

「秋山と申します。よろしくお願いいたします」

名刺交換する手が震えそう。

「香坂です。この間、セミナー会場にいらしてた方ね」

「あ、はい…」

「私のリハをずっと聞いててくれたわね」

え？　視界に入らないようにしてたつもりだけど…

「あ、すみません…」

「参考になったわ。ありがとう」

セミナーのブースで怒ってた人と同じ人と思えないくらい穏やかな雰囲気。

「香坂さん、秋山が何か申しましたか？」

山口さんは、『なにぶんまだ新人でわかっていないもので…』って謝りそうな口調。

でも、私、何も言ってないし…

「いいえ、何も。でも、顔で感想を言ってくれたわ」

今日3回くらい似たようなことを言われた気がする。

「秋山、神田さんは急な別件が入って遅れていらっしゃるそうなんだ。まずは香坂さんと打合せだ」

香坂さんが私に聞く。

「秋山さん、私のこと、よく怒る女だと思ってたでしょ」

うなずこうとした瞬間に、山口さんが

「そんなことはありませんよ」

首を振る。

「今回のセミナーは、多くのお客さま、特に若い方々に投資の重要性に気づいてもらいたい、というのがコンセプトのはずで、投資意識の啓発こそが、私達販売会社が果たすべき役割だと思うのよ。あえて言えば、投資信託は、そのソリューションの一つね」

山口さんは体全体でうなずきながら聞いてる。商品の宣伝ではなさそう。どんな資料を作ろうとしてるの？

「もちろんリタイアメント世代に対するソリューションも重要なんだけど、若い世代の人々がこれからどうやって資産を積み上げていくかは、それ以上に大きな課題だと思ってるの。ところがね、現在、それをサポートする取り組みは決して十分とはいえないんじゃないかしら。ということはね、投資にまだ馴染みのない方達に、投資信託を販売するというよりは、投資の必要性や投資信託をより身近な金融商品として認識していただくのが先決なのよ」

香坂さん、やさしい口調。いつも怒ってるわけではないんだね。

「もちろん、事業としては、投資信託という商品を販売していくことなんだけど、多くのお客さまにライフプランとかマネープランをもっと真剣に考えていただくような、社会的に意義のあるコンサルティング活動が必要だと思うの」

でも将来のことって…

「秋山さん、今、『何十年先のことなんてわからない』って思ってるでしょ」

…その通りです…

「もちろん、先のことはわからないし、みんな違う。考え方も違うし、自分の人生をデザインするなんて、できないことかもしれない。ライフイベントといっても、だれもが体験するイベントではないかもしれない。ただ、お金がかかるその時を待ってても仕方ないじゃない。具体的には、まず、今考えられる投資目的を明確にして、そのうえで、その目的に向かってどう対処すればいいかということを提案するのが販売会社の役割だと思ってるの」

お金がかかる時を待っていても仕方ないから、目的を明確にして提案するのが販売会社の役割…売るだけが仕事じゃない、ってことを言いたいのかな。

「多くの方に共通するのが将来の年金不安だとすれば、特に若い方達に、長い目で考えるってことをご案内することが大切だと思うのよ」

香坂さんが話し続けるのを、山口さんが必死でメモしてる。

「でも、だからといって、自分で投資資産を選んで、組み合わせて、そして見直していくことって、とっても難しいことじゃない。その点、投資信託は、小口資金でも専門家が運用してくれる便利な制度なの」

あぁ、また難しいことを言い始めた…そもそも『組み合わせる』って何？　『見直す』って、何を見直すの？　私には無理。

「投資信託のなかでも、『ターゲットイヤーファンド』は、資産を組み合わせるとか、見直すとか、そういうことを自動でやってくれる。つまり、目標とする投資期間に合わせて、資産配分比率、株式や債券の割合の変更を、自動的に行うファンドなのよ」

ターゲットイヤーファンド…こないだのブースのリハーサルで香坂さんが言いかけたところで電話が鳴ってそこで終わっちゃったから意味を聞いてない。

「ターゲットイヤーファンドは、日本でこれまで投資に馴染みのない層、特にこれから資産を積み上げようという方々にぜひ知っていただきたいの。馴染みがないからこそ、本来、自分でなかなか判断できない方達に知っていただきたいわ」

香坂さんの手ぶりはとてもしなやか。

「投資信託の商品性、つまりね、『小口』…小口って少ない金額って意味なんだけど、それと『分散』、そして『専門家運用』ってことを、高めたファンドで、長期的な資産形成が必要な、特に若いお客さまにご利用いただきやすいのよ」

若い人のほうが投資に向いてる、って聞こえる。そういえば天野さんも同じようなことを言ってたっけ。

「いつもなら資料の打合せはミヨシさんとウチのマーケティング部でやっていただいていると思うけど、今の資料がちょっと物足りなくって、担当の神田にそう言ったんです。そうしたら、私も一緒に打合せに入ってくれって言われて来たんだけど…彼、遅いわね」

香坂さんは、ちらっと腕時計を見て、ちょっと歴史っぽい話をしてもいいかしら、と話を続ける。

「『少ない金額』『分散』『専門家運用』っていう特徴は、そもそも投資信託がどのように誕生したのかに関わってるの。諸説あるけど、そもそも投資信託は、一八〇〇年代の後半、イギリスで誕生したといわれてる。一八〇〇年代の後半といえば、日本では、幕末というか、明治維新の頃なんだけど、イギリスでは産業革命が一段落したところよ。他の欧米諸国はどうかというと、ヨーロッパの国々は戦争から復興しているところで、アメリカでは鉄道を作っていた。生活基盤の構築が盛んで、そういうためのお金を必要としてたの」

急にそんな昔の話をされても…山口さんは、「そうなんですか」とか「へぇ」とか、ホントに興味わいてるみたい。全身でうなずきながら聞いてる。

「だから、イギリスの人々にとっては、国内で資産運用するよりも、海外に投資するほうが高い収益を得ることができたわけよね。大投資者も中小の投資者も当然積極的に海外に投資を行ったのよ。ところが、中小の投資者は失敗して、損失を被ってしまうことが多かった」

「…え、損しちゃったんですか？」

ようやく口をはさむことができた。

「ええ、中小の投資者はね。どうして投資者によって成否に違いがあったか、ってことだけど、それは、大投資者は投資先の調査や研究をする資金もあって、たとえば倒産による損失などを防止することができた。それから多額のお金があるから、いろいろな投資先に分けて投資することができて、多少の失敗があっても全体に及ぼす影響が少なくてすんだ。そこから中小の投資者が学んだことは何か。ここが、投資信託の本質だと私は思ってるんだけど」

香坂さんの手ぶりがしなやかに見えるのは、香坂さんの指って長いから？　山口さんは、一層必死にメモしてる。なんだか全身でメモとってるって感じ。

「中小の投資者が気づいたことは、大投資者のように失敗を小さくしながら投資をするためには、共同してみんなで出資して大きな資産にして、それを専門家に運用してもらうのがいい、ということだったの。そこから誕生したのが投資信託。どう？　合理的だと思いません？」

失敗から学んで誕生したってこと？

「つまりね、投資信託は調査する術や、時間を持たない人々が、少ない金額の資金でいかに資産を安定的に増やしていくか、という発想から生まれたものなのよ。小口投資者の知恵、あるいは時代の知恵なのよ。自然に生まれた投資の手段。さっき言っ

た投資信託の特徴の『小口投資』『分散投資』『専門家運用』っていうのは、どれも、共同投資、みんなで投資するから成り立つことなの」

みんなで少ないお金を出して大きな資金にする…みんなで…

「この合理性が商品として理解されたら、投資信託の利用は増えるはずだし、現に、世界的に投資信託の残高が大きくなったことの最たる理由は、この合理性が浸透したから、っていわれているわ」

そんなこと私は初めて聞いた。

会議室のドアをノックする音がしてドアが開いた。

「あ、打合せ中すみません。香坂さん、ちょっといいですか？」

「山口さん、秋山さん、ちょっとお待ちいただけます？　すぐ終わると思いますから」

「どうぞ、どうぞ。お待ちしています」

香坂さんは会議室を出ていった。

「山口さん、香坂さんが言ってた『ターゲットイヤーファンド』ってなんですか？」

「ターゲットイヤーファンドっていうのはやな…」

山口さんはカバンの中から資料を取り出した。

「たとえば、今から10年後とか20年後とか30年後とか40年後とか、目標とする年を決めて運用されるタイプの投資信託や。いくつかの資産に分けて投資してリスクを分散して、投資した資産の配分の比率を保って運用される投資信託を『バランスファンド』って呼ぶんだけどな、ターゲットイヤーファンドは、それに加えて、資産の配分を、時間の経過とともに変更していくのが特徴だな」

…ん〜…

「『それが何?』って顔やな」

「何、って言いますか…それってどこがいいんですか?」

「一般的に、年齢に合わせて適切だと考えられる投資の割合というのが理論的にあってな、まぁ端的に言うと、若い時は株式とかのリスクの大きい資産の組み入れ比率を大きくして、年齢を重ねるとともに年々その割合を小さくしていくっていうことやけど、ほとんどの人は、そこまでなかなかできんやろ」

「えっと、株式の比率を減らして、かわりに何か増やすんですか？」

「そうや。債券とかのリスクの小さい安定資産の比率を増やす」

「なんか高齢の人ほどお金があって、株式とかに投資している気がするんですけど。世の中のイメージとしては反対ですよね」

「まぁそうやなぁ…香坂さんから説明があるんやないかなぁ」

「山口さん、あのぉ、そもそも『組み入れる』とか『組み合わせる』って何ですか？」

「マジでそもそもやな…『組み入れる』は、株式とか債券とか、その種類の資産に投資するってことやな。『組み合わせる』は、なんちゅーか、たとえば、秋山だって服の組み合わせって考えるやろ。ジャケットとズボンの色や素材の組み合わせとか、食事でいうと、バランスのいいメニューとか」

ああそういうこと。

「山口さん、じゃあ『見直す』って何ですか？」

「…たとえば、体型が変わっていくに従って、サイズも似合う服も変わっていくやろ？ 食事だって、年齢とか体調によって、好みも栄養のバランスも変わるやろ。スタイリストとか栄養士がするようなことやな。資産運用でも、一般的にふさわしい資産の組み合わせ方とか、変化の仕方があって、ターゲットイヤーファンドはそれを自動的に行っていくんや」

ドアノックの音の後、すみません遅くなりまして、という声が聞こえた。神田さんだ。天野さんも一緒。私はオブザーバーとして同席させていただきますね、と笑顔を向けてくれた。

二人で立ち上がって軽くお辞儀する。

「山口さん、ターゲットイヤーファンドの資料を作ることになりましてね」

神田さんがターゲットイヤーファンドの資料を机の上に置いた。

「え!?」

山口さんが一瞬固まる。

「ひょっとしてセミナー用ですか!?　それは時間が…」

「いやいや安心してください。セミナーでは、今のものを使いますから」

固まったのがちょっとやわらかくなった。

「新しく作り直しです。今の資料のマイナーチェンジというよりはバージョンアップです。今日お越しいただいたのは、そのキックオフ的な打合せということで」

「そうですか」

「香坂から話ありませんでしたか？」

「香坂さんからは、販売会社の役割と、投資信託の起源についてお話をうかがいました」

「あぁ、はい…」

神田さんは、「やっぱり…」という様子。

「バージョンアップにあたっては、香坂も加えて検討していくということになりまして…」

大丈夫。いいよ、加わっても。リハーサルの時みたいに怖くなかったから。

「香坂は、とにかく本質にこだわるタイプなんですよ。だから、ポイントとしてのメッセージはシンプルだけど、話が長く…いや、奥が深くなってしまって」

神田さんはちょっぴり苦笑いしてる。

「香坂さんのお話、いやぁたしかに、投資信託の本質がわかった気がします」

「ターゲットイヤーファンドは、どのような考え方で各資産の配分比率が変わっていくのかを説明する必要があるんですが、香坂としては、説明するなかで、お客さまに、これが投資の基本なんだと気づいていただける、そういう点を加えなければということなんですよ」

「ページ数でいうとどんなイメージですか？」

「ページ数は増えても2ページだと思いますが、内容をかなり変えることになると思います」

「では、見積りは、全面改訂の場合と、2ページ追加と、とりあえず両方お出ししますね」

香坂さんが戻ってきた。

「すみませんね。あぁ神田くん、来てたのね。資料見直しの件、伝えてくれた？」

「はい」

「さっき、どこまで話しましたっけ」

香坂さんはそう言いながら腰掛けた。

山口さんがすかさず返事する。

「投資信託の起源です」

「そうそう、諸説あるなかには、床屋さんで生まれたっていう説もあるんですって。私も美容院に行くと、美容師さんといろいろ話すから、情報収集の場でもあり、情報発信の場でもあったんだろうなと思うわ」

ちょっと間があいたところで、間を埋めるように神田さんが話す。

「投資信託の名著といわれる古い書籍には、投資家の多くは、自ら他に職業を有するところの大衆的中小投資家であって、自らの仕事や職業に一生を費やし、全努力を傾注するが、投資に対しては、一般に極めてわずかな時間と努力しか払えない人々だとあります。時間的にも能力的にも投資に必要な研究調査のできない人がほとんど、ということですね。だから、投資信託って、ウチの銀行のほとんどのお客さまのように、『少ない投資金額』に対応する制度なんですよね」

「ターゲットイヤーファンドって、いっそ、『投資学習ファンド』と呼びたいくらいなのよ。つまり、ファンドの販売を通じて投資知識を広めるものでなければ。一般的に、一般的によ、人が利益を生み出す能力、つまりね、生涯のトータルの賃金の期待値は、年齢とともに減っていくわけでしょ」

香坂さんは〝つまりね〟が口癖かな。

「その分金融資産として蓄えられていくから、若いうちは、多少運用に失敗したとしても、将来得る賃金で挽回することが可能でしょ」

まず定期的に収入があるってことが前提になってる…働かなくっちゃ。

「だから、若いうちは、より高い収益を得るためにリスク性の資産配分比率を高めておいて、年齢が上がるにつれて金融資産が蓄えられ、それを守るべく、リスク性資産の配分比率を徐々に引き下げていくことは合理的なのよ」

山口さんは相変わらず一所懸命にメモをとってる。まるで自分が資料を作るみたいだ。

「香坂さん、そのあたりはこっちで整理してからミヨシさんに伝えましょうよ」

「そうね、はっきり打ち出したいことは四つ」

香坂さんのなかではとっくに整理してある感じ。

「一つめは、国内外の債券、株式、不動産などに幅広く分散投資すること。二つめは、投資者の年齢やライフサイクルに応じた資産配分の提供を目指し、三つめは、ターゲットイヤーに向けて、運用内容を保守化、つまりね、加齢や運用期間の短縮に応じて、攻めから守りにシフトしていくこと、そして四つめが、個人では難しい資産配分のリバランスやリアロケーションを、ファンドが自動的に実施するってこと。投資者が目標とするターゲットイヤーに向けた資産形成と資産活用が可能で、さっき話した投資信託の特性、つまり、少ない金額とか、分散とか、専門家運用とか、そういうことを高めた投資信託らしい投資信託なのよ。極めて合理的でしょ」

また知らない言葉…『リバランス』『リアロケーション』…そろそろ頭がオーバーフローしそう。

神田さんが補足する。

「まとめれば、ターゲットイヤーファンドは、投資信託の特性である、少ない金額、分散、専門家運用を高めた投資信託らしい投資信託、っていうことですね」

「あぁそうね」

それなら私にもわかる。神田さんはいつも、香坂さんの話をまとめてくれる。香坂さんとお話しする時はいつも一緒にいてほしい存在。

「車にたとえるなら、ターゲットイヤーファンドはオートマチック車ね」

天野さんも、前の話の時に、車でたとえてたっけ。なんだっけ…あ、たしか物価が上昇する時にお金の価値が負けてしまわないように…とかなんとか、って話だったかな。

「オートマチック車って、速度、回転数に応じて自動的にギアチェンジをしていくでしょ。マニュアル車は自分でギアチェンジをしていくじゃない。自分でどのくらいのリスクがとれるのか判断して、自分の目的とファンドの投資対象を照らして選んで、状況の変化によって自分のファンドを見直していくのがマニュアル車とすると、目標とする時期に向けて自動的に配分を考えていくターゲットイヤーファンドは、オートマチック車に似てるのよ。山口さんは車、どっち？」

「オートマです」

「秋山さん、車乗る？」

ずっと話を黙って聞いていた天野さんが、私に質問してきた。

「私、免許とっただけで、自分の車はありません。父が乗ってるのはオートマです」

そういえば、よっちゃんが乗ってる軽自動車はマニュアル車だっけ。オートマにはしないって言ってた。自分でギアチェンジできるのがいいんだって。

「一般にね、資産運用を行うときって、自分で投資する資産を選んで、組み合わせを考えて、そして組み合わせを見直していく、っていう作業を行うわけよ。でも、これはとても手間のかかることで、多くの人にとってはとても難しいことよ」

香坂さんって、ホントに顔ちっちゃい。

「若い人達は、過度にリスク回避して、リターンの獲得機会を逸失していて、反対に高齢者の方々は、安易にリスクテイクして、過大に損失を発生させてしまうのよ。ターゲットイヤーファンドの良さは、そうしたことを回避しながら、分散投資、長期投資といった投資の基本を実行できることなの」

へぇ〜。若い人達がリスクを避け過ぎてる…

「ターゲットイヤーファンドに対する批判としてよくあるのはね、基本的に個人は、自分で投資対象を選んで投資するのが本来の姿であって、その点、自動的にポートフォリオを組み替えていくターゲットイヤーファンドは投資の基本に反するという考え方があるのよ。車ならマニュアル車がいい、ってことよね」

自分で投資対象を選ぶ…？　私にはできない。自分で車を運転するなら絶対オートマだし。

「でも、問題は、だれに対して投資信託を販売しているのか、ということだと思う。すべての人が自分の判断で投資対象を選ぶことなんて、はっきり言えば、私は不可能だと思ってるの」

それ、正しいと思う。少なくとも私には無理。

「むしろ、選べない人のほうが多いからこそ、ターゲットイヤーファンドを販売する意味があるのよ」

ようやくちょっとわかってきた…かも。

「だからって、これがすべてと思ってるわけではないのよ。ターゲットイヤーファンドは、安定運用移行後、つまり、ターゲットイヤーに到達すると株価上昇についていけない、という指摘があるんだけど、前半は攻めの運用、後半は守りの運用を行うというのがターゲットイヤーファンドの最大のコンセプト。仮に守りの運用に入った段階で、さらにリスクテイクが可能であれば、マーケットの状況を踏まえて収益性の高いファンドを追加すればいい。もちろん、ターゲットイヤー到達前であっても、それぞれの状況に合わせて、ほかの投資信託を組み合わせていけばいいのであって、このファンドだけで完結、ってことまで言うつもりはないのよ。ただしね、こうした判断ができる投資者を多くするためにも、投資知識の一層の普及が必要で、ターゲットイヤーファンドの販売は、その手段といえる」

ちっちゃい顔でいっぱい説明してくれる。

「いったん購入した後は、年月の経過とともに自動的にリスクレベルを調整してくれるわけだから、若い人達にとっては、投資信託を長期に保有することのメリットを高めたファンドといえますね」

神田さんが補足。

「そうそう、どうしても購入しっぱなしになってしまうでしょ。見直すなんて、なかなかできない。もっとも、配分を見直せば収益が増えるかといったら、そういうわけではないけど、リスクを減らしていくことにはなるの」

配分を見直す…

「もっとはっきり言ってしまえば、投資は初めてとか、投資はわからないっていう方には、まず、ターゲットイヤーファンドのご説明をしたいわね。それから、重要なこと」

重要なこと？

「時間分散。つまり積立ね。秋山さん、私のリハ、聞いててくださったでしょ」

慌ててこないだのメモをカバンから取り出す。

ええと…タイミングを図る、なんてことは素人じゃ難しいから、変動する金融商品を定期的に一定金額ずつ購入する。いっぺんに購入するんじゃなくてタイミングを分散するっていう感じ。

で、安い時は、より多い数量を購入して、価格が高い時はより少ない数量を購入するから、上がった、下がった、という投資タイミングを気にしなくても、上がった時には少ない量、下がった時には多い量を自動的に購入していくことによって、平均的な投資価格を低く抑えることができる…。

だから、まとまったお金で投資しなくても、少しずつ、継続することができれば、変動するなかでも安定的に利益を得る可能性が高まる…だった、かな…

「積立は、投資信託でいえば、基準価額が下がって、それが回復する過程で利益を計上できるのが強みです。間違いなく常に上昇するのであれば、安い時に購入するべきで、そういうタイミングを図ればいいけど、マーケットは上昇し続けることも下落し続けることもない。タイミングを図るのはとっても困難、はっきり言えば、できないことだから、下がる局面がありながら長期的には上昇していく変動商品には、時間を分散する、積立、っていうのは最適な投資方法なの。今の資料にはそれが入っていないわ。自動積立を利用しながら長期間投資することが、投資判断を誤らせない投資行動といえるのよ」

山口さんは一心不乱にメモをとる。香坂さんは続ける。

「普通、株式とかの資産が上昇すると、『そのうちもっと高くなる』と考えてなかなか換金に踏み切れない。反対に価値が下がると『もっと下がるだろう』と思う。その結果、理想とは反対の〝上がった時に買って、下がった時に売る〟という行動になってしまいがち。その点、資産の配分を決めてあるファンドの場合は、資産の配分を方針に従って当初の割合に保っているから、上がった資産を売って、下がった資産を買う、つまりリバランスをファンドの中で行うのよ」

ふぅん、それが『リバランス』。バランスをとり直す、って感じかな。

「ターゲットイヤーファンドは、それに加えて、目標とする期間に向かって、配分を変えていく、資産配分の見直し、つまりリアロケーションを自動的に行っていくの」

へぇ、それが『リアロケーション』。ターゲットイヤーファンドは、『リバランス』も『リアロケーション』もする…

山口さんは落ち着かない様子。

「つまりは、投資の基本である分散投資と長期投資が実践できて、煩わしいリバランスやリアロケーションをファンドで行ってくれるストレスフリーなファンド、ってことでええんですよね」

関西弁になってる。慌ててる？　続けて恐る恐る聞く。

「香坂さんのイメージでは、プラス2ページくらいって感じでいいですか…？」

「追加だけではないわよ。全面的に見直して、かつ、積立の説明を入れるから…まぁでも、ページ数があまり多くても読みにくくければ意味がないから…そうね、ページ数でいえば2ページくらいかしらね…」

山口さんが神田さんのほうを見て、「見積りは、さっき言った通りの感じでいいですよね？」って目で訴えて、神田さんが軽くうなずく。「ＯＫです」っていう合図みたい。

「秋山さん、何か疑問点があります？」

山口さんが心配そうにこっちを向く。

「ターゲットイヤーファンドの意味がようやくわかりました」

「そぉ、なるほどね。『良さ』こそが伝わりにくいわけね」

山口さんがほっとしてるのが伝わってくる。

このあとも話は続いた。資産の運用は、〝性格の合わないもの〟を組み合わせるのがいい、とか…


会社に戻った時は、もう退社時間だった。髭を生やした、ジーンズにジャケット姿の男性がいて、山口さんは、「鈴木さん、こっち来てたんですか。ちょうどよかった」と言って会議室に誘って入っていった。

その時外線の電話が鳴った。

「はい、ミヨシ広告営業第五部でございます」

「うらら銀行の神田と申します」

「あ、秋山です。さきほどはありがとうございました」

「あぁ秋山さん、さっきはどうも。山口さんいらっしゃいますか？」

「今、打合せ中ですけど、お急ぎでしたら呼んでまいります」

「じゃあいいです。一点だけ念のためなんですが、山口さんに伝えていただけますか？」

「はい」

「日経に、一応とっておいていただくように伝えてください」

「はい。承知しました」

ウチで作ってるうらら銀行の粗品のメモ帳にメモする。

日経　とる

今日は『ＲＯＵＮＤ』に行くから、きっかり定時に帰りたいけど、一応山口さんに直接言ったほうがいいと思って、ちょっと待ってたら、会議室から山口さんの声。

「秋山」

こっちに来るように手で呼ぶ。

「はぁい」

本社とは離れたオフィスにいるディレクターの鈴木さんを紹介された。ちょうど別の用件で来ていて、うらら銀行のことも伝えたらしい。鈴木さんに初対面の挨拶。ジーンズにジャケットの出で立ちは、本社にいる社員、特に第五の人達とは、同じ会社の人には見えない。

じゃあ、次の全体会議でまた来ますよ、と言って鈴木さんは帰っていった。

席に戻って、山口さんに、神田さんからの電話を報告。

「山口さん、日経新聞とってますか？」

「もちろんや。いつもこうして持っとる」

カバンの中から取り出す。

「何や突然」

「じゃあいいですね」

「だから何や。言うてみ」

「うらら銀行の神田さんから電話があって、日経とっておくように、とのことでした」

メモを見せた。

「うらら銀行の神田さんから!?　秋山っ!!　それは、著作権の問題やっ。資料のなかに、日経225のデータを入れることについて、日経に許諾をとる、って話や」

え、そうなの？

「『日経をとる』とは言っとらんやろ。『日経に』って言うたんやろ。ちゃんと伝えや。あっぶないなぁ」

…だってそんなこと知らなかった…

「もちろん、そのつもりやったからいいけど、そもそもな、神田さんが、わざわざ日経新聞をとれ、って俺に言うと思ったんか!?　信じられへんわ」

そんなに怒らなくても…

「あんな秋山、ちゃんと伝えや。そのうち言おうと思っとったけど、秋山は日経新聞、まだとっとらんやろ」

「一応、スマホ版は…」

「第五は金融のプロっちゅう自覚を持たなあかん。言われんでも日経新聞くらいとれや」

だからスマホ…

「電子版だと線引いたり、マーカーしたりできんやろ」

でも保存できる…私の言い分はあんまり聞いてくれずに怒り続ける…

「伝言は正しく伝えろや。自分で決めつけるんやないぞ」

この後も怒られ続けた。こないだの第一の内村さん達のランチの誘いのことまでまた怒られた…

怒り疲れたあたりで終わって、山口さんはパソコンに向かった。多分、今日のうら銀行との話の内容と、鈴木さんに連絡したことを部長にメールしてる。

私がトイレに行って泣きやんで戻ってきたら、部長席には本田部長がいた。返信メールが届いてる。

To 山口　秋山

Re:うらら銀行ターゲットイヤーファンド資料全面改訂の件

了解。

現状、当社の仕事をみればわかるように、販売会社の多くは、積み上がった資産をどう長持ちさせるかという退職した人達に向けたアプローチが中心で、資産を積み上げる必要がある若壮年層に十分アプローチしていない気がするな。香坂さんは、若年層に照準を合わせてターゲットイヤーファンドを販売することによって、商品を説明するなかで投資によって将来が変わることに少しでも早く気づいてもらいたい、お客さんに投資を学んでもらう、まさに「投資学習ファンド」としたいんだろうな。

本田

山口さんは、怒った調子のまま、私に、部長からのメールをしっかり読んでおくように言う。…女子会の約束の時間に間に合いそうにない…

5

らしくない女子会

「いらっしゃいませ」

『ＲＯＵＮＤ』のマスターは、カフェバーのマスターというより、音楽好きのやさしい物静かなお兄さんって感じ。カウンター7席と四人がけテーブル三つ。奥の四人がけのテーブルに、よっちゃんとゆかりんが向かい合って座ってる。

「なっちゃん！」

「ゆかりん、久しぶりだね…」

私はゆかりんの隣に座った。

「ほんと。あれ？　なっちゃん、なんか元気なさそう」

だって…

よっちゃんの前にはビアモーニ。ビールとカンパリとグレープフルーツを混ぜたカクテル。よっちゃんに言わせると、ここのお店のビアモーニは他のお店と違って特においしいらしい。理由を聞いたらまた物子のBGMのような説明が始まるんだろうけど、山口さんに叱られたばかりの今はその気力がない…

ゆかりんは梅酒。ゆかりんは、今でも高校生にみえる。文学少女って感じ。ってゆーか、今も文学少女。ん…少女？　ともかくゆかりんは、髪を縛るゴムも普通の黒いゴム、前髪をとめるピンも普通の黒いピン。だから、ゆかりんの前にある梅酒はりんごジュースに見える。ほとんどスッピンなのはよっちゃんも同じ。

「なっちゃんもビアモーニでいい？　マスターさん、ビアモーニ、もう一つお願いします」

カウンターに向かってよっちゃんが注文してくれた。「はい」

よっちゃんは『マスターさん』って呼んでる。

「なっちゃん、広告代理店はどう？　やっぱり華やかな世界？　担当は金融分野なんだって？　今よっちゃんから聞いたよ」

「そうなの。早く異動したいの…」

「何かあった？」

よっちゃんがやさしく聞いてくれるけど、思い出すと、どうして私があんなに叱られるのか…って改めて思っちゃう…

「ゆかりんは忙しいの？　看護師って激務なんでしょ？」

「激務っていうか、不規則だから、なかなか会う約束ができないね。日勤は朝の8時から夕方4時45分だけど、夜勤だと夕方4時から翌朝8時半まで。病棟にもよるんだけどね。今日は、朝からカクテルが多くてタイヘンだった」

「えっ？　病院でカクテル出すの？」

ちょうど私のビアモーニと、野菜ピザが来た。そして乾杯。「配属決定おめでとう」って…『おめでとう』はかなり複雑…ピザはほかのお店では見たことないピザ。レタスがいっぱいのってる。私、レタス大好き。

「お待たせしました」

よっちゃんがピザを取り皿にわけてくれながら、私の質問に上書きするように聞く。

「なっちゃん、そんなわけないでしょ。ゆかりん、『カクテル』ってことは、混ぜるってこと？」

「そうそう。点滴にお薬を混ぜるの。抗生剤、吐き気止め、手術後の痛み止めとか。午後は、突然患者さんのレートが下がってびっくりした。忙しい一日だったよ」

「レートって？」

「心拍数のこと」

それぞれの世界で専門用語ってたくさんあるんだね。

「よっちゃんはどう？　大学院生活は？」

「うん、好きな時間に登校して、好きな時間に実験してる」

「そういうの、ちょっとうらやましい。ねぇなっちゃん」

「うん…かなりうらやましい…」

「どうしたの？　部署がイヤなの？」

「だって、よっちゃんが好きなバンドのジャケットとか、カップラーメンのパッケージとか、お父さんみたいに、人が楽しくなるようなものを作りたくて就職したんだもん。ゆかりんも看護師の仕事をしたくてなったんでしょ？」

「私はちっちゃい時に入院したことあって、その時からずーっと看護師になるって決めてたっていうか、思い込んでた」

そうだったんだ。聞いたことなかったなぁ。

「なっちゃんは、金融のパンフレットを作るの？　旅行のパンフレットやカップラーメンのパッケージ作るのと、今の部署との違いがわからないけど、たしかに、見映えって大事だよ。本屋さんに行くと、表紙とか、タイトルとか、帯とか見てジャケ買いするもん」

「二人とも、ピザ食べてよ。冷めちゃうよ。この野菜ピザ、おいしんだから。このお店ね、来るたびに新しいメニューが増えるの。マスターさん、研究熱心なんだよ」

研究熱心なところも、よっちゃんがこのお店を好きな理由なのかな。

「なっちゃんが好きなあさりの酒蒸しとソーセージも頼んだからね」

バーのわりにメニューの幅が広い。

「よっちゃんは、今、何の研究してるの？」

「ＤＮＡを材料にして半導体の基盤を作るっていう研究。もし、シミュレーションや解析が中心の研究室だったら、パソコンさえあれば、部屋やこの店でもできるかも。もっとも、ここには毎日は来られないけどね。週に1回の家庭教師代とコンビニのバイト代だけでは苦しいから」

「バイト代っていくらくらいなの？」

「全部で10万円くらい。そのうちの2万円は、積み立て始めた」

「じゃあ残りは8万円？　きつくない？　積立ってなんの積立？　定期預金とか？」

「定期預金と投資信託。なっちゃんから株とか債券とか投資信託とか聞くようになって、ちょっと勉強してみたの」

「そうなの？　私、株とそのトーシなんとかの違いもわかんない」

「株式は、企業の元手となるお金」

「元手？」

「そう。会社の純粋な資産ね」

ふぅん。

「債券は、企業からみたら借金のようなもの」

「借金?」

「うん。国債だったら国の借金。債券を保有するってことは、お金を貸して、決まった利息をもらうってこと。借金だから、期限が来たらもともと出したお金、要するに元本は返ってくる。企業とか国とかがつぶれなければね」

へぇ。

「株式は企業の借金じゃないの?」

ゆかりんが尋ねる。

「株式は借金じゃなくて、スポンサーを募るようなもの。といっても単なるスポンサーじゃなくて、株式を持つってことは、企業の部分的なオーナーになる、って感じかな。だから株主総会で株主は会社に意見したりできるでしょ」

株主総会って、ニュースで見たことある。そっか、あれは株主っていうオーナーの集まりのことなんだ。

「株式を保有する株主には会社の業績に応じて配当金が支払われる。株式の配当金は、債券の利息のようには定まってないけど、その会社が倒産しなければいつまでも保有していていいし、ずーっと配当金をもらえる。ただ、会社の業績が悪いと配当金ゼロってこともあるけど」

「株式って売ることもできるんでしょ？」

なんか今日のゆかりん、積極的。

「うん。株価って、将来のその会社の期待値みたいなもので、変わっていくから、必ずしも元本が返ってくるわけではないよ。逆に言えば、買った時より株価が高いうちに株式を売却すれば元本よりも多くのお金が返ってくるし、株価が下がれば損しちゃうわけ」

「…なんか難しいけど、結局債券のほうが決まった利息がもらえるからトクってこと？」

「損得で比べるものではなくって、不確実性の度合いの違いって感じじゃないかな」

「不確実性？」

「うん。債券は、値上がり値下がりがあっても、倒産とかがなければ決まった利息がついて、満期には元本が返ってくる。株式は、配当金も株価そのものも、業績とかに応じて大きく変動するから、株式のほうが、不確実性が高いっていえるよね」

反対に、債券は、株式に比べて不確実性…リスク…が低い、んだっけ。

「で、投資信託は、運用の専門の会社が、いろんな企業の株式とか債券とかに投資するもの。日本だけではなくて海外にも。運用会社が、専門家を使って経済状況や、いろんな企業を調査しながら、販売会社―銀行とか証券会社とか郵便局―を通じて集まった大きなお金で、投資信託ごとに決めた方針に従って運用するもの…ってことでいいんだよね？　なっちゃん」

ピザを食べながらうなずいた。よっちゃん、よく知ってる…私より、きっと。

「よっちゃん詳しいねぇ」

ゆかりんも感心してる。

「株価の動きのことを、ランダム・ウォークっていうんだけど、物理から来てるんだよ。大昔にはね、みんな株価って予測できるものだと思ってたんだって。一九二九

5
らしくない女子会

年に株価の大暴落があった時に、専門家でも簡単に予測できなかったじゃないか、ってことになって、物理学者が、株価はランダム、不規則に動いてるんじゃないかって言い出した、って読んだことある。複利だって、アインシュタインが言ったことっていわれてるし、金融と物理って、通じるところがあるんだよ」

営業第五部は、他の部と通じてなさそう…

「投資信託の積立は、今から予行練習みたいなつもりで始めた。だから、残ったお金で節約生活。余ったお金を貯めていくって、私には無理かなと思って」

香坂さんが言ってたことだ。

「私は少ない収入でも研究続けていきたいし、親の介護費用も必要になるし」

余ったお金を蓄えていくのではなくて、先に貯める分を決めてから節約…

ゆかりんは、りんごジュース…じゃなくて梅酒を飲み干した。

「病院に就職した時に、どこかの保険会社の人が来て、新人看護師集めて説明会があったの。でも、私、紹介された保険が自分に合ってるのかどうかわからなくて、自分で保険会社の窓口に行って30歳までの積立保険に入ったんだ。先輩達ってどんなことしてるのかなって思って聞いてみたかったけど、お金のことって、なんか、『ギラギラしてる』とか、『がつがつしてる』っていうイメージがあるって先輩に言われて、それからはもう話してない。こうやって話せるのっていいね。ねぇなっちゃん、何がいいの？　銀行とか証券会社とか行きにくくって…教えて」

「私もクライアントと話すの、苦手。言葉の意味がよくわからなくって。今のところわかったのは、大切なのは目的を持つことなんだって」

「目的って？」

「近い将来、遠い将来のことを考えて、自分に必要なお金のことをはっきりさせるんだって」

「遠い将来？」

「うん。老後とか」

「遠過ぎ」

「でも、いくらくらい必要になるのか考えて早く準備することが大切で、投資するには早いほうがいいんだって。ながーい時間をかけて積み立てるのがいいんだって」

「投資っていわれてもわかんないよね」

「お待たせしました」

和風な器に入ったあさりの酒蒸しと白いお皿に盛ったソーセージ。

「はい、なっちゃん食べなよ」

うん、食べる。私が好きなものばかりだ。ピザもあさりもソーセージも。さすがよっちゃん。ゆかりんは空になった梅酒のグラスを渡しながら、ハイボールを頼んだ。

「私達くらいの年代って、『投資』を考えてる人、そんなに多いかなぁって思わない？　まず貯めることから考えるよね。ただ、なっちゃんが就職してからのメールを見てると、『投資』を考えるって、『何が儲かるか』っていうより、『お金に働いてもらう』っていう感じ？　だったら早く始めるのがいいんだなって思った」

まずあさりから…

「そもそもお金って、交換手段だったんでしょ。そうそう、なっちゃん、今、夢中であさり食べてるけど、物々交換から発展した交換の媒介手段としては、初めは貝だったんだって。だから、お金に関する漢字、いろいろあるじゃない、財産のザイとか、貯蓄のチョとか、資産のシとか、購買って漢字も、みんな貝がついてるのはその名残だって、何かで読んだことある」

へぇ～、よっちゃんはいろんなもの読んでるねぇ。

「貝から貴金属が『お金』になって、それまでの交換媒介物だけではなくて、価値の貯蔵手段にもなったんだって。それって矛盾してるよね。交換手段なら使わないと意味ないけど、貯蔵手段なら、使ってしまっては意味ないよね。どう考えればいいのかな」

なんか物子っぽい話になってきた…ゆかりんがピザを食べる手をとめた。私はあさりを食べる。ゆかりんのハイボールが来た。ゆかりんの前にあるとジンジャーエールに見える。

「でもよっちゃん、そもそもってことなら、そもそもお金がなければ、利息とか、利回りとかいっても意味ないんじゃないの？　あくまでも、お金を持ってる人の尺度って感じがする」

ゆかりんがそう思うのはよくわかるけど、天野さんや香坂さんは、少ないお金でも、若いうちに考えて欲しい、って言ってる。

「蓄えていくうえで、0・1％なのか、10％なのかは、長い目でみると、貯める努力が大きく実るか、小さく実るか、すごく違うじゃない」

そうそう、72の法則で計算すると、達成したい金額に至るまでの年数が全然違ってくる。

「金融機関にいる人は、とにかくお金を貯めないといけないっていう感じのことをいうでしょ？　私は、いくつになっても、どこにいても、看護師っていう仕事ができるから、時々こう思うの。一生で得られる賃金が同じだとしたら、今使うか、後で使うかの違いじゃないかなって…」

「うん…たしかに、周りの人達をみてると、今、節約して我慢できる生活を送ることができる人って、将来も我慢できるよね」

「でも、病棟には長く入院されてる患者さんや、検査によっては、高額なものもあるの。やっぱり、将来、お金がかかることは起こるから、準備は必要かなぁ」

「お金がかかることは、イベントの違いはあっても、必ず出てくるよね。人生とお金は切り離せない。だって貨幣経済だもんね」

また物子っぽい。あさりの酒蒸し、おいしかった〜一人で食べちゃった。貝だけど交換手段にできなかったな。

「ただ、なっちゃんの話っていうか、メール見てると、若いうちに考えたほうがいいんだろうなって思うよ。収入を得るために努力するってことは、みんな同じで、収入を得てどうするかは、それぞれ。ただ、お金を活かす方法は、若いうちのほうがあるんだろうね。退職するまでに市場が上がったり下がったりするけれど、それを乗り越えられるかどうか。若くて時間があれば、方法があるんじゃない？」

「薬もそうかもしれない。自分の治癒力が一番で、薬はそれを助けるものなの。お金の活かし方もそうなのかな。自分で収入を得て、節約して。サポートとして、銀行や証券会社に、『薬』を選んでもらうってことかな。でも、やっぱり行きにくいなぁ。銀行って、お金をおろすとき以外に行かないし、証券会社って何してるのかよくわからないし…」

ゆかりん、珍しくいっぱい話してる。私はソーセージ食べよっと。

「そうそう、投資にかかる費用のこともちゃんと知っておかないとね。いつ、いくらかかるのかとか」

あ、それ山口さんが言ってた。

「そういえば投資信託って、購入するときの費用のほかに、管理にも費用がかかるんだって。信託報酬っていうんだって。報酬っていっても、もらえるものではないんだよ」

えへん。受け売りが知識になるんだよ。

「ってことは、投資信託って持っているだけでも費用がかかるの？」

ゆかりんが意外そうに言う。

「そうだね。基本的に、自分が買った投資信託の値上がり値下がりとは関係なく管理の費用がかかる。だから、長い期間投資するなら、その費用も頭に入れておかないと。いろいろ比較して、納得できるようにしておかないとね」

よっちゃんのことだから、ちゃんと勉強してから投資信託始めたんだろうな。

「今思ったけど、『インフォームド・コンセント』って聞いたことあるでしょ？　医療用語。『説明と同意』っていう意味なんだけど、医師と患者さんって、対等な立場にはなりにくいの。医師は病気の専門家で、患者さんは素人であることがほとんど。だから、医師は『任せてくれたら悪いようにはしない』、患者さんは『私は素人だからすべて先生にお任せします』という状況になりやすいの」

「それはそうだよね」

「看護学校で習ったけど、『インフォームド・コンセント』は、医師と患者さんの関係をできるだけ対等にして、患者さんが自分で方針を決定できる権利を守ろうとして生まれたもので、〝informed〟って『十分に情報を与えられた状態で』という意味なんだって」

「知ってるか知らないかで、後で納得できるかどうかが違うよね」

「『看護師は通訳』って先輩に言われたことがある。医師の前では、患者さんって、質問しにくいものなの。専門的なことを言われても、先生に質問できる人ってそんなにいないの。患者さんのなかには、すごく勉強して自分の意見を言う人もいるけど、とにかくお任せしますっていうタイプが圧倒的に多い。だから、後で看護師が『わからないことはありますか？』って聞くの。医師の前で見せる表情と、看護師に見せる表情って違う。患者さんが医師に聞きにくいことは、看護師が医師に聞いて、患者さんに説明するの。いかに患者さんの立場に立って話せるかどうか」

「ねぇ、なっちゃんの仕事は、販売会社のパンフレットを作るってことでしょ？　ゆかりんの話でいうと、販売会社って、看護師的じゃない？　そのサポートというか、看護師のように、投資や運用の専門家の通訳をする、そのためのツールを作ってるんだよね」

通訳…かぁ。わかってもらうためのパンフレット作り…？

「ねぇ、でも投資って、得をしたい人がするんでしょ？　得をする人がいる反対に、どこかで損をする人がいるんじゃないの？」

「あ、それね、違うって聞いたよ。ゼロサムって、得をする人と同じだけ損する人がいるって話でしょ？　経済って、プラスサムで増えていくものだから、上がり下がりを繰り返しながら、成長していくんだって」

ソーセージをフォークに刺したまま答えた。

「価格が変動するものって、さっきも言ってたけど、時間を分けて投資するといいんじゃないの？」

「よっちゃん、さすが。それ、銀行の人がしきりに言ってる」

「毎月同じ額を投資する場合、相場が安くなるとたくさん買えて、高くなると少ない量を買うことになる。そうすると、平均的な購入価格って安定するっていうか、値動きによるけれど計算すると長期的には低くなる傾向だよね。それに、合理的に行動するってできないものだから、その点でもいいんじゃないの？　私もそう思ってやってるよ」

「よっちゃんが『合理的に行動できない』なんてどういうこと？」

ゆかりんが意外そうに言う。そう、物子が合理的でないはずがない。

「たとえばね、株みたいな金融資産を持っていて、値上がりすると、もっと得しそうに思うでしょ。反対に、損になってくると、どう？」

「怖くなってすぐやめる。投資とかって、そういう、気にしないといけないところが嫌。毎日お金のことが気になっちゃうかも」

「でしょ？　でも、たとえば、お店の『バーゲンセール』だったら今のうちに買おうと思うでしょ。なのに金融資産を持っていて値下がりすると、買おうとするのではなくて、悲観的になって持っていたくなくなる…『いつがバーゲンセールかわからない』ってことがあるからかな…だから、値下がりしたら自動的にたくさんの量を買う自動積立投資って、結局のところ、合理的な行動になるんじゃない？　行動ファイナンスっていう分野があって、『投資の心理学』っていうのに書いてあったよ」

そういう『学説』があるの？　よっちゃん、『学説』には強い。

「積立って毎月1万円とか2万円ずつ投資するんだよね。でもなんか投資ってお金持ちがまとまったお金でするものって感じだけど」

「ゆかりん、3万円ずつ保険の積立してるんでしょ？」

「私のは保険だから」

「でも、保険にしても、預金にしても、集まったお金って、保険会社や銀行が運用してるんでしょ？　利益とか、損失とか、そういうのを、金融機関が負うか、お客さんである私達が負うか、そんな違いじゃないの？」

「え〜？　そうなの〜？」

「公民の授業で習わなかったっけ？」

よっちゃんの教科書と私の教科書は違ったかも。

「貯蓄も投資も、どっちも資産運用であることには変わりはなくて、貯蓄は守りの運用、投資は攻めの運用って感じじゃない？　二律背反っていうものではないんじゃないかな」

「とにかく、普段使わない言葉が多くて難しいの。ってゆーか、言葉の意味が違ったりするんだよ。たとえば、『リスク』って、普通は危険って意味でしょ。それが金融では違うんだよ。さっきよっちゃん言ってたけど、『不確実性』っていう意味なんだって」

「普段使う意味ではなかったり、見たことない言葉ばかりじゃたしかに読みにくいだろうね」

「でしょ？　よっちゃんだってそう思うでしょ？」

「経済のこととか、証券のこととか、知らない人達が見るものなら、日常生活の言葉で説明してくれないとね」

「仕事って学校より勉強が必要って感じ。なんか奥が深いっていうか…ゆかりんは？」

「そうだねぇ…義務教育では習わなかったけど、私は看護学校でベースを学んでから病院勤務だから…義務教育で医療のことが必要かどうかは、わからない…現実の仕事は体力勝負って感じで、看護師の仕事って、人間の感情に関わることだから答えがないっていうか。何をしても正しいのか、正しくないのか、わからない。そんな仕事。でも、お金のことって、日々の生活に必要な知識だよね。税金のこととかも。学校でもっと習いたかったたって思うよ。看護師っていう資格を持ってるから、いつでも働けるっていう気持ちがあって、しっかり考えてないけど、お金のことはちゃんと知りたいと思うよ。よっちゃんはどうしたいの？」

「大学の時の先輩で、いったん商社に就職したけど、すぐに辞めて、別の会社の研究室に入った人がいるの。この間久しぶりに会ったら、収入は少ないけど、好きな研究を続けていられるから幸せだって言ってた。そんな風になりたいよ。先のことはわからないからこそ、少しの収入から、準備しないと」

「あのね、仕事で会うクライアントの女の人は、わからないからこそ、お金のことって、若いうちから準備しておくことが大切なんだって言ってるよ」

「なっちゃん、大事な仕事してるじゃん。エンタメ系もいいだろうけど、世の中の人達に必要なことの情報発信でしょ。ゆかりんの先輩が言ってた『お金のギラギラ感』をなくすためのツールづくりだね。難しくみえることを楽しく表現して考えてもらうための仕事でしょ？　なっちゃんがしたかった仕事そのものじゃない？　ほら、お父さんと同じように、みんなが夢を持てるような仕事をしたいって」

言われてみればそうなのかなぁ。私、お父さんと同じような仕事してるの？

6

天野さんの感じたすれ違い

私の所属は、販売会社であるうらら銀行のマーケティング部。顧客向け資料の作成と、セミナーの企画、運営が主な業務。その資料の企画や印刷、セミナー運営で取引しているのがミヨシ広告。

彼女のことね。昨日ミヨシ広告の本田部長が、「天野さん、明日、山口がうかがう打合せですが、ウチの新人を同行させますのでよろしくお願いします」なんてわざわざ電話してきた新人って。

広告代理店って、ほとんど男性で女性は少ない。どんな新人さんかと楽しみにしてたら、小柄でかわいいまるで女子大生。まだ名刺ができてないのに早速同行させるなんて、本田部長には何か思いがあってのことなんでしょう。

運用会社と販売会社の違いもまだ聞いていないんじゃないかしら。運用会社は、小口の資金を大きな塊にして株式や債券に投資して運用する会社。販売会社は販売窓口、つまり証券会社や銀行や郵便局のこと。

投資信託は目には見えない金融商品だから、イメージがわくように私は香水にたとえることにしてる。植物の花、葉、樹皮や、動物の分泌物といった原材料を組み合わせて一つの香水が作られる。素材の違いや、濃度の違いによっていろいろなタイプがある。素材選び、組み合わせ方、合成の仕方によって、いろんな分類があって、一つひとつの香水には商品名がついている。

投資信託も、素材としての株式や債券やそのほかの金融商品選びのための調査、選んだ素材である株式や債券の組み合わせ方、運用の方法によっていくつかのタイプがあって、一つひとつの投資信託に商品名がついている。販売会社は、香水を並べて販売しているお店ね。お客さまのタイプや使う目的を聞きながら商品を提案する。女性らしいたとえ方だと自負しているけど。

今、ウチで一番よく使う冊子の見直しをしている。これもミヨシ広告に発注したもの。日本では少子高齢化によって、公的年金の支給が縮小される懸念が高まっているわけで、なるべく若いうちから老後の生活資金を準備しておく必要があるんだけど、退職後の生活資金の確保に関して、意外と楽観的に構えている人が少なくない。退職を迎えるまでにどうやって資産を積み上げ、退職後は積み上げた資産をいかに長持ちさせるかということを、一人ひとりがしっかりマネジメントしていかないといけなくなる。

ところが、販売会社が幅広い年齢層に向けた取り組みを行っていたかというと、実のところ、リタイアメント層に手厚い。60歳以上の人が個人金融資産の約半分を保有しているのだから、中高年世代をターゲットとすることは金融機関としてごく自然な行動だけど、個人的には疑問を感じていた。

それが、今の部の方針として、「資産形成層、若い方達に向けた資料の充実をしよう」ということになった。多くの金融機関がリタイアメント層にターゲットを絞った販売戦略を展開するなか、あえて、現役世代層を中心とした展開を行う。これは「投資は長い目で」というメッセージを若い人達に送ることになる。それだけに今回の改訂には自然と力が入る。

ミヨシ広告の山口さんが二つのタイプのゲラを出してくれた。どちらも、イメージよりもソフトになっていい感じ。図表が見やすく強調されたパターンは特にデキがいいと思ったわ。

せっかくだからと思って、新人さんに感想を聞いてみたら、即答で違うパターンがいいと答えられちゃって、遠慮ない子ねぇと思うと同時に、私に若い感覚がなくなってきてるのかしらって、軽くショック。彼女にとっては、パンフレットといえば旅行のパンフレット、ってこともショックだった。

それと、『イツメン』。正直、聞き返す勇気がなくて…山口さんが聞いてくれたから『いつものメンバー』の略だってわかったわ。山口さんも知らなかったのは救いだった。いや、もしかしたら山口さんはわかっていて、私が知らないと思って聞いてくれたのかしら？　だとしたら、なかなか抜け目がない人ね。

そのイツメンとするお金の話といえば、ショップのポイントカードや居酒屋のクーポン、なんて言われちゃって…これが若者の現実なのね。

逆にやりがいを持たなくては。そう思ってあれこれ聞いてみた。ライフイベントにかかるお金を示したページ〈人生にはお金がかかります。〉を見せて、

「こんな風に、結婚とか、住宅購入とか、教育費とか、人生にはお金がかかるんだけど」

って聞いてみると、

「私にも同じようにかかるんですか？」

平均値を見せたところで、彼女にはピンとこないようね。

これは同意するかと思って〈不安に備えて投資。〉を見せると、

「どうして突然投資のことになるのかな？　って思います」

っていう返事。極めつけは、

「不安って感じてないといけないんですか？」

…これは大きなショックだった。真意がまったく伝わっていない。目の前が暗くなる感じ。一般的なライフイベントをあげて、『だから投資』といったところで、イメージがつながっていかないのね。不安を感じないのであれば、この資料で訴えているこ

とはすべて空回りってことになる。

資産運用の必要性の認識と目的の明確化を訴えないことには、伝える側の自己満足なのかもしれない。要は、『気づきの喚起』を省いていたのかもしれない。考えてみれば、その点が省略されてしまっていれば、投資知識の普及・啓発にはつながらない……。

今後、高齢化や年金の問題、雇用不安などいろいろな問題が生じてくるなかで、運用のリスクを、国や企業ではなくて、国民の一人ひとりが引き受けなければならない状況になってきている。個人が自分自身の責任と判断で、いかにして将来の所得を確保していくかが重要で、事業として提供するサービスの一つが投資信託の販売のはず。それなのに、手段ばかりを訴えていた。目的をはっきりさせなければ、伝わらない。

投資信託を売るというよりは、投資の必要性や投資信託をより身近な金融商品として認識していただくのが先決。預金のために来店する若いお客さまにも、貯めることと合わせて投資の必要性に気づいていただく。そのための資料にしなければ。秋山さんっていう新人さん、ショッキングだったけど、よかったわ。感覚がリアルで…

〝普通〟の人達に広く投資信託を持ってもらうことが重要。そのためにも、そもそも、投資の必要性、そして投資知識の必要性を普及していくのが販売会社の役割だと痛感したわ。

とりあえず、デザインは部内で聞いてみるとして、追加ページを作ってみないと…見出しは…ん…「将来に向かっていくマネープラン」…意味、伝わるかしら？ ピンとこないか。いまいち…「60歳のあなたは笑顔ですか？」ん…彼女なら、そんな先のこと思いつかない、って言いそうだわ。無理があるわね…

…あ、そうだわ。セミナーのために72の法則についてパネルを作ったって神田くんが言ってた。投資するのに早過ぎるってことはない、とストレートに表現してみればいいかもしれない。若いうちに考えることがいい、準備することは挑戦、であることをストレートに言ってみることにしようか。

セミナーといえば、講師を引き受けてしまったんだった。発声練習をしなくては。滑舌練習も。ま、それはそれ。今は追加ページが先よ。そう、9時目標でがんばるとしますか。

そういえば同期の資産運用調査室の泰子、香坂泰子も急遽講師をすることになったと神田くんが言っていた。

「香坂さんは、こう言ってはなんですけど、理想家ですから、ちょっと不安があるんですけどね…」

その後どうなったのかしら。

私がセミナー会場の下見に行った翌日の午後、向かいの席の神田くんが二度目の下見から帰ってきた。疲れた様子で。

「神田くん、何かあったの？」

「香坂さんが、パネルに納得いかないようで、いろいろありました…」

上着を椅子にかけて腰掛けた。

「あのきれいな声で主張し続けられて弱りました。若年層を対象としたセミナーだし、講師は女性がふさわしいという思いがもともとあったから、香坂さんに代役をお願いしたんですが、ブースの下見で怖いくらいに真剣で…今から別のパネルを作るには時間が足りないと思いながらも一応ミヨシの山口さんに電話したら、すぐに駆けつけてくれたんですが」

「何がネックだったの？」

「〝投資は余剰資金で〟という勧誘は間違いではなく、一般論ですよね。彼女は『これでは投資は余ったお金で行うものという意識を強めてしまうのではないか』と。マーケと、調査室の考えの違いもあるんでしょうけど、明らかな間違いでなければあのままいきたかったんですが、香坂さんは妥協してくれなくて…」

「それで？」

「で、代替案を考えて、アメリカで目安としていわれている『100の法則』にしました。100から自分の年齢を差し引いた値のパーセント分だけリスク資産に投資するという例のヤツです。お客さまにとって、日本と投資の先進国であるアメリカとの違いも、今後を考えるヒントになることでしょうし、香坂さんもひとまず納得してくれました」

「そうだったの」

「次にリスクの説明をするパネルかポスターのリクエストがありました。お客さまにリスクをしっかり認識していただくところから投信販売を始めなければ、とのことです。それは当然のことですよね。リスクがほとんどない商品では、きちんとしたリスクの認識はできませんから。僕も、初心者に複雑な仕組みでリスクを限定したものを売るというのは、本質を見失ってしまうと思います。ただ、今からパネルやポスターを作るのは無理ですから、リスクの説明は、配布する冊子のページを、スライドに映し出すことで了解していただきました。それからですね」

まだ何か？

「ターゲットイヤーファンドの資料のバージョンアップを提案されました。これもまた悩ましいですね…どう作っていくか…今回のセミナーは、『多くの金融機関が団塊世代対策にエネルギーを集中しているからこそ、あえて若年層を対象として行い、顧客の裾野を広げていく』という、部の方針のもとで企画されたものですよね。その中心に位置するのがターゲットイヤーファンドです。お客さまに、どのような考え方で各資産の配分比率が変わっていくのかを説明していくなかで、『これが投資の基本だ』と気づいていただけるように資料を工夫したいとは思いますが、なかなか改良のイメージが……」

「いっそ泰子に打合せに入ってもらったら？　私から連絡するわ。部長にも」

「そうですか。助かります。ターゲットイヤーファンドは販売を通じて効率的な資産形成をサポートすると同時に、投資知識を広めることもできる。コンセプトは投資学習ファンド。ＰＲはしんどいですけど、ウチの独自性を発揮するチャンスだと僕も思います」

資産運用調査室の泰子に内線電話をした。

「あぁ、エリ？」

彼女は私のことをエリと呼ぶ。

「神田くんから聞いたわ」

「セミナーのパネルのこと？　今日会場に行ってみて驚いたわ。円が三つ。それぞれにタイトルがついてるの。『生活資金は流動性の高い預金』『中期的な資金は安定性の高い国債』『余剰資金は収益性の高い株式や投資信託』」

「間違ってはいないんじゃない？」

一応、私も理由を確めてみたい。

「ああいうのって、投資は余ったお金で行うものっていう意識を強めちゃうと思わない？　本来は、資金の不足をいかに補うか、という観点で考えてもらうべきなんじゃない？　私がそう言ってもマーケ部の人達は、今商品を売ることを基準にして考えているからかしら、さっぱり反応がなかった。若い方に退職後まで見すえた長い時間軸での資産形成の方法を考えてもらいたいなら、販売も、今後の中長期的な戦略に沿った考えでいないと、説得力のないものになってしまうと思うけど…」

なるほど。部署の立場の違いもある、か…

「余裕資金があるなら投資を、っていう勧誘方法をとることが多いけど、いくら余裕資金であっても、目的がないまま投資信託を購入すると、目先の価格変動に過剰に反応しやすくなるし、結局は運用期間が短くなってしまう。目的意識が明確であれば、投資期間もおのずと決まるものじゃない。それに、お客さま自身も、目的達成のためにリスクをとったという認識があれば、短期的な価格変動に過剰に反応することはなくなる。なのに、あれじゃ、『余裕資金のある人は投資信託を購入してください』というだけだわ」

たしかに今、投資信託を購入するのは、ある程度資産の額が積み上がったお客さまが中心。証券会社も銀行も、少額の資金で投資信託を購入するような個人投資者には、あまり目を向けてこなかった。それでは本当の意味での投資信託の普及にはつながらない。できるだけお客さまの裾野を広げなきゃ。広大な裾野があればこそ、頂も高くなる。今回はそのために若者向けにセミナーを企画したんだし。

「将来に漠然とした不安を感じていても、『ただなんとなく不安』であれば、何もしない。不安が具体的になって初めて何をしなければいけないかがわかるでしょ」

不安って感じてないといけないんですか？　と、ミヨシ広告の秋山さんから聞かれたことを思い出す。

「投資信託の購入はあくまで目的を実現するための手段であるということを、お客さまにしっかりと受け止めてもらうことも、販売する側の責務じゃないのかしら。エリ、そう思わない？」
「今回は、これから資産を形成する層に向けたセミナー。泰子の言う通りだと思う」

「でしょ？　ファッションやアクセサリーのことや、ゴルフとか釣りとか、そういう趣味に関しては、よく研究して自分に合ったものを選ぶ人が多いのに、お金のことになると『よくわからないから任せるよ』とか、『何か儲かるものはない？』と、結局他人まかせになってしまう人が多いのよ」

うらら銀行のお客さまは、投資に馴染みのない、少ないお金、つまり小口の個人がほとんど。だからこそ、まず、投資目的を明確にして、そのうえで、その目的に向かってどう対処すればいいのかを提案することが必要なはず。その点は同感だ。

「他人任せではなくて、納得してもらうためには、ライフプランについてお客さまと一緒に考えることが必要じゃないかしら。『商品ありき』ではなくて、お客さまの『ライフプランありき』でなくては。それをお客さまにもわかっていただかなくちゃ。エリも言ってたじゃない」

事業としては、投資信託という商品を販売していくことなんだけど、多くのお客さまにライフプランとかマネープランをもっと真剣に考えていただくような、長期的視点でのコンサルティング活動が必要だと思う。

「神田くんが『100の法則』のパネルを出してきたから、それを使わせてもらうわ。日本ではまだ受け入れられにくい考え方かもしれないけど、長い時間軸で今から何を考えていけばいいのか、ということのヒントにはなりそう」

「泰子としても了解なのね」

「販売のルールとして、投資信託の販売金額を預貯金の30％以内に抑える、という自主的なルールがあるじゃない。年齢や資産などに関わらず一律に定めることがベストなのかどうかの議論はあるけど、長年、損失が出ない商品を扱ってきた銀行の信頼を維持するためにも、最低限必要な考え方だとは思うわ。でも、預貯金以外の投資信託のような金融商品が普及して、もっと身近なものになってくれば、そのような自主的なルールもいらなくなるのではないかしら。あのパネルなら、そんな理想や思いが少しでも伝わるような気がするのよ」

理想や思い、か。泰子らしい。泰子と電話するといつも互いの持論を語り合うこと

6
天野さんの感じたすれ違い

になって長くなる…

「それから、リスクの説明でスライドを追加してもらうことにしたわ。投資の世界では、不確実性をリスクというじゃない。これは、お客さまに最も伝えるべきことでしょ」

「スライドの追加の件も神田くんから聞いたわ」

「なぜリスクの説明が重要かといえば、投資の世界には『自己責任の原則』があるからじゃない。金融商品取引において損失を被ったとしても、投資者が自らの判断でその取引を行った限りは、その損失を自ら負担するという原則。『商品の説明に1時間以上かかります』と丁寧に貼り紙をした支店もあったって聞いたわ。…たしか、エリから聞いたのよ。効率的に説明する努力は必要。でも、十分な説明にはどうしても時間がかかる。本来、リスク商品の説明には時間がかかるということを広く知らせたことは、私は、むしろ画期的で大きな意義があることだと思う」

言われてみれば、画期的なことかもしれない。

「自己責任の原則の適用には、お客さまに十分な判断材料があることが前提で、つまり販売会社は、販売する金融商品について、お客さまに対して十分な説明や情報公開を行うことが求められているでしょ。それだけじゃなくて」

「『適合性の原則』ね」

泰子の言おうとすることはわかる。

「…そう。販売会社は、投資者の知識・経験・財産力・投資目的等に適合した形での勧誘・販売を求められる。なぜなら販売会社は商品について、お客さまよりも多くの情報を有しているから。だから、販売会社の側に顧客の諸事情に適合した商品を販売する責任がある。販売会社は倫理が求められるのよ。投資信託のようなリスク性商品の販売には、医療でいうインフォームド・コンセントのような考え方が重要だと思うわ」

さて、そろそろ本題に入らないと。

「泰子、神田くんが持ってた冊子、多分ミヨシ広告で製作したものだと思うけど、在庫はどうかしら?」

「確認してたわ。大丈夫みたいよ」

「ミヨシの山口さん来てたの？」

「ええ来てたわ。女子大生風の子と一緒に」

「彼女は秋山さんっていう新人よ。まだ遠慮を知らないというか、なかなかリアルなことを話してくれて、私、彼女の話、担当の冊子のバージョンアップの参考にしたのよ」

「リハーサルしていこうと思って、演台に立ってみたら、ちょうど彼女が視界の左のギリギリに入ったの。山口さんと神田くんが打ち合わせている間、何もすることがないようにこちらを向いてひょこんと立って。私が話し始めると、実に表情豊かに聞いてくれて、反応がわかりやすかったわよ。ちょっとうなずいたり、小首かしげたり、きょとんとしたり。途中でパイプ椅子を持ってきて腰掛けちゃったりして。メモもとってたわ。きょとんとされると、こっちも考えちゃって。あれは助かったわ」

「セミナーでは泰子は何を話すつもりなの？」

「ポイントとしては、資産分散、長期投資、時間分散。そして時間分散でできない、資産の分散と資産配分の見直し。具体的にはターゲットイヤーファンド、という流れで話すつもり」

「ターゲットイヤーファンドの積立ね」

「あ、そうそう、ターゲットイヤーファンドの説明にかかろうとして、どの資料を準備しているのか確認しようと聞いてみたのよ。悪くないけど、もっと良さを説明してほしいから、神田くんにバージョンアップを提案しておいたわ。エリの仕事が増えるかも」

「それなら、泰子に加わってもらえない？　後で部長に話しておくから」

「いいわよ。ウチの室長にも話しておく」

「資料のどのあたりが物足りなかった感じ？」

「自動的な資産配分見直しの良さかな。個人が自分で投資信託を選ぶと、どうしても買いっ放しになってしまうじゃない。ターゲットイヤーファンドって、投資理論に基づいた資産配分を用意して、経過年数に応じて自動的にその配分を変えていくから、個人にとっては便利な投資信託でしょ。多くの金融機関では、リタイア層の資金獲得に議論が集中して、若・壮年層に対する資産形成とか金融知識向上の必要性を訴える声が大きいとはいえないわよね」

まったく同感だわ。とりあえず泰子の協力も取り付けたし、結果オーライかしら。

数日後、ミヨシ広告の山口さんに来てもらって、泰子も入れてバージョンアップの打合せをすることにした。前の会議が長引いてしまって、私と神田くんは打合せ時間に遅れてしまった。

「ごめんなさい、遅くなってしまって」

会議室に入ると山口さんと、秋山さん。泰子はちょっと席を外したらしい。私はこの打合せでは、オブザーバー役だ。

泰子が戻ってきて、ターゲットイヤーファンドについてミヨシの二人に向かって滔々と説明する。

今日はまだキックオフというか、スケジュールの確認程度でいいんだけど…まぁ泰子の頭の中ではもう資料のイメージができあがっているんでしょう。山口さんに聞いておいてもらえれば、今後の作業の参考になるからいいかしらね。

「早速だけど、『異なる動きをするものをうまく組み合わせるとリスクが減る。分散することの効果はそこにある』…でも、これを説明するには、相関係数の説明がいるんじゃないの？」

「それはどうでしょう？　難しくなりますよ」

と、神田くん。上着を脱ぎながら。

「そういうのをはしょってるから伝わらないんじゃないの？　リターンは、組み合わせた資産、それぞれの平均だけど、リスクは、組み合わせると、それぞれの資産の値動きの方向によって、平均以下になる可能性があるわけで、そういう組み合わせを見つけるために相関係数を使う。それを説明したほうがいいんじゃないの？」

「香坂さん、ですから、相関係数という言葉は難しいですよ。まったく同じ動きをする資産同士の関係を『1』、まったく違う動きをする資産同士の関係を『マイナス1』。つまり『1』から『マイナス1』の幅で相関を表すってことですよね。どうして組み合わせるといいか、の本質ではありますが…ただ、株式、債券、不動産、どんな資産も一斉に値下がりして、資産分散に意味があるのか、といわれた時期があったじゃないですか」

「相関係数が完全に1、つまり同じ動きをするなら組み合わせても無意味だけど、そうでなければ、つまり、完全に1でない限り意味はあるってことでしょ」

ミヨシ広告の山口さんはひたすらメモしている。こんな会話は先にこっちでしておくべきだった。泰子は止まらない。ここはちょっと秋山さんに話を振ってみよう。

「秋山さん、どう思います？」

「あのぉ…ソーカンケースーってなんですか？」

神田くんが答えてくれる。

「相性というか…。資産を組み合わせるときには、似たもの同士よりも似てないもの同士のほうがうまくいく、ということです。数値で表すと、完全に似たもの同士が『1』、まったく似てないもの同士が『マイナス1』、ということなんです」

まだピンときてない様子。

「秋山さん、テニスします？」

「はい。私、学生の時はテニス部でした。最近していませんけど」

「たとえば、ダブルスを組むとき、ストロークが得意な人同士とか、ボレーが得意な人同士とかよりは、ストロークが得意な人とボレーが得意な人が組めば、お互いの得意、不得意を、活かしたり補ったりできますよね」

「私はボレーが得意でした」

少し安心した表情になったみたい。

「調子の良い時とか悪い時とかの波が、同じではなくて、波長の違う人同士が組むほうが負けにくいですよね？」

「はい。たしかに」

「状況の変化に、同じように反応することが、相関が高い、数値でいうと『1』、ってことで、状況の変化に違う反応をするのが相関が低い、数値でいうと『マイナス1』、ってことなんです」

「あ…なんとなくイメージできました。得意・不得意が異なる資産の組み合わせにすると、投資で負けにくいってことですね」

「まぁ、大ざっぱにいうとそういうことね」

今はなんとなくでもイメージを持ってくれればいいわ。

「あのぉ…」

「いいですよ。何ですか?」

「日本株式を長い間持ち続けている人が私の周りにもいるんですが、損失が大きくて、投資といっても、受け付けないって感じなんです。若くて投資経験がない人も、親とか、会社の上司とかから苦い経験を聞くと、どうしても投資に抵抗を持ってしまうようです。私の会社の人なんですけど…あ、ほかの部の…」

「秋山、そんなこと聞かんでも…」

山口さんは秋山さんの素直な質問に慌ててる様子。

「いいんですよ」

泰子が答える。

「日本が成長するという期待が鈍くなってきてしまったものね」

神田くんが補足する。

「過去20年の日本株のパフォーマンスの悪さは、日本経済の成長トレンドの大幅な減速の反映です。資産価格は将来の期待収益の割引現在価値であるわけだから、足元の収益水準が変わらなくても成長期待が鈍化すると資産価格は上がりません」

秋山さんが山口さんに、ここぞと何か言ってるわ。

「秋山さん、何？　いいのよ遠慮しなくて」

「…割引現在価値って何ですか？」

「割引現在価値っていうのはな、今の値段は将来のキャッシュフローと等価ってことでな、将来のお金を現在の価値に直したものや。たとえば、金利が1％だったら、今の100万円と一年後の101万円は等価、同じ価値ってことや」

山口さんは慌ててそう言って、私達に向かって

「すみません、お話の途中で。秋山はまだ…」

秋山さんは構わずに山口さんに言う。一応小声で。

「キャッシュフローって何ですか？」

キッとした目で山口さんが秋山さんに何か言いかけた。ここは私が…

「単純に言えば、将来発生するお金のことよ。金融資産をね、『将来キャッシュフロー

をもたらすもの』という言い方をすることがあるんだけど、たとえば、さっきの山口さんの例で1%の金利で3年の預金に預けると、仮に単利だとすれば1万円×3年で3万円のキャッシュフローを生むわけね。今の100万円と将来の103万円は等価。将来の103万円は、今はいくらか、っていうことを計算することを『割り引く』っていうの」

神田くんが替わってくれる。

「現在の日本の企業収益はそれほど弱くなく、実は水準としてはバブル期のピークを上回っています。しかし、一九九〇年代初頭には日本経済は年に3、4%成長するというのが一般的な見方であったものが、最近は将来あまり成長しないという見方も出ています。それは、将来への見通しが暗くなって、今後発生するはずのお金に期待が持てなくなるということです。そうなると、資産価格は上がりにくいってことになります」

「それって、日本の将来への期待が薄いと、リスクを減らそうと分散投資しても、日本株式だけの分散ではうまくいかない、ってことですか?」

泰子が答える。

「期待収益、つまり将来得られるだろう収益への期待が下がり続ける場合には株価も下がり続けるし、もしそれが日本経済全体として生じている場合は、日本株式だけで分散投資をしても、リスクを減らす効果は小さくなってしまうわね」

神田くんが再び補足。

「投資理論の問題点として、金融ショックなどの時にリスクや相関が急激に変化することと、投資者が期待収益の『読み間違い』をしばしばすることがあげられます。投資理論には、投資者が平均的には現時点の経済構造をわかっていて、将来の予想が間違い続けることはないとする考え方がありますが、これは投資者の予想は必ず正しいと主張しているわけではありません。投資者が、経済構造の変化をすぐに感じ取れなかったり、変化していないものを変化しているように思い込んだりすることもあるでしょう。そうした読み間違いによって、資産価格がかなり長期にわたって上昇や下落を続けたり、投資者が一方向に動くことによって、急変動が生じる大きな原因になっていると思いますね」

秋山さんの顔には、またハテナマークが出ているわ。

「秋山さんどう？　二人の話、答えになった？」

「はい…あのぉ…まとめとしては、資産価格は将来の予測によって決まるけれど、予測は、だれにとっても難しい…ってこと…ですか？」

「たしかに予測は難しい。資産を持ち続けていても先々のことはわからないし、かといって個々の銘柄についてタイミングを見て、機動的に売買するっていうのは、多くの人にできることではないわね」

泰子が言う。

「じゃあ、どうすれば…」

秋山さんが不安そうな声をあげる。

「だから投資信託という手段があると思うの。泰子…香坂が主張する通り、多くの個人投資者が経済環境を考えながら機動的に運用するのは難しいでしょうね。やはり、グローバルに多資産を毎月積立などで時間分散も行いつつ長期に運用するのがいいんじゃないかしら」

「はい…わかりました…」

「ただし、」

神田くんが補足する。

「やはり自分がよくわからないものに投資をするというのは不安がつきまとうし、不安にかられて判断を誤りかねません。機動的な運用は難しいにしても、自分が今、何に投資をしているのか、その投資を取り巻く環境はどうなっているのかを理解しておくことは大事だと思います」

そう、投資は自己責任だから。

「昔、北海道の原野を高値で買わされた人に、『投資家があなたの土地を好条件で買いたがっているが、売るために土地整備のための費用が必要です』と言って、さらにお金を騙し取る詐欺事件がありました。もちろん騙すほうが悪いんですが、騙されたほうは、最初その土地を買ったときに本当の価値をわからなかったうえ、その土地に本当に需要があるのかということも把握していなかったからこそ騙された、ともいえます。リスクをとらなければリターンが得られないことを理解することは大事ですが、とる必要もないリスクは避けなければならない。そのために金融知識を磨いて、経済、政治、社会の情勢に広く目を向けることも大事だと思います」

続けて泰子。山口さんはひたすらメモする。

「だからこそ、商品ラインナップの意味も加えたほうがいいと思うわ。お客さまの適切な資産構成の構築に資するものであること、お客さまの投資知識の向上、投資信託に対する理解度の向上に資するもの。そういうことを伝えるべきじゃないの？」

投資の基礎にあたることだから、必要ではあるけど…入れるなら、けっこうスペースが必要になりそうね…

「商品ラインナップの考えのベースにあるのは、お客さまのライフプランであって、それを実現するためには、単に売れ筋、売りやすい商品を並べるということではなく、個人のお客さまにとって必要な商品をそろえている、ということを特に若い人に訴えていくのが大事なんじゃない？」

泰子が言っていることはよくわかるけど…より個々のニーズに対応するものを作るとすると、その中身は千差万別のはず。それを汎用的な一つの説明資料にするのは難しい。

日本では、若い人ほど投資商品の保有割合が少なく、高齢者になるほど高くなっていく。本来、リスクをとることができるはずの若い人がリスクをとらずに収益を得る機会を逃している一方で、あまりリスクテイクすべきではない高齢者がリスクをとって元本欠損の危険性を抱えている。本当は逆のはず。これは、金融機関が商品販売にウェイトを置くあまり、お客さまに投資に関する情報を十分伝えていないからだとは認識しているけど…

「販売会社は、投資者が自己責任で適正な判断ができるよう、お客さまの事情に応じた情報提供を適切に行うことが必要じゃない？　自己責任といって突き放すのではなく、共感を持ってお客さまに対し、コンサルティング営業を実施していく。その点では、ターゲットイヤーファンドは投資学習の要素を備えていると思うわ」

泰子の理想はわかるけど、今までの資料とは違った構成と、新しい発想で作っていかなければ…

7

なっちゃん、はい上がる

「ようやく最終校だ。期限に間に合った。秋山、一人で大丈夫だよな」

山口さんに言われて、うらら銀行にオレンジ色の資料の最終校のゲラを届けることになった。天野さんなら、一人でも大丈夫。いつものマーケティング部の会議室に入って天野さんを待った。

「お待たせしました。あら、今日は一人なのね。もうひとり立ちかしら」

「最終校のゲラをお持ちしました。修正部分のご確認をお願いします」

修正したフォントやグラフの線の色を確認してもらった。

「そうね。念のため、もう一度全ページしっかり見て連絡しますね。秋山さんの最初の仕事になったのかしら」

「はい」

「秋山さんに意見していただいて本当に参考になったわ」

天野さんはいつも私に意見を求めてくれる。そして採用してくれる。

「はい。御行の資料の仕事を通じて勉強させていただきました。投資を始めるなら若いほど有利だということ、分散の大切さ、理解することができました」

「仕事にも慣れたのかしら？」

……え？

慣れたかどうかと言われれば……

「い、いいえ、まだ……」

天野さんになら正直に話せそう。

「仕事は…私、実はエンタメ系の仕事が希望で入社したんです」

「…。そうでしょうね。広告代理店ですものね。それで今は？」

見抜かれてたのかもしれない。天野さんはやっぱり大人。

「…はい。エンタメ系の部署に異動したいと思ってます…」

「あら、そう」

天野さんは、いつも私の話を聞いてくれる。

「お金のことって、ギラギラした感じがあって、金融のことはどうしても慣れなくて…若いうちから投資を始めるのがいいってことは、仕事を通じて学ばせていただきました。でも、不安っていわれても、遠い将来の不安はやっぱり遠くて…それよりも、目の前の仕事のことというか、収入が安定するかどうかで…将来得る賃金で挽回っていわれても、仕事がなければ元も子もないと思うんです」

「なるほどね…」

最終校のゲラを一枚一枚見てる。

「たしかに目の前の不安が大きくて将来まで考えられないかもしれない。でも、そのままじゃ本当に『その時』になっても、結局不安のままじゃないのかしら。そういうことをわかってもらってこそ広告よね」

やっぱり大人だ。

「これ、もっと修正入れることにするわ」

えっ!?　もう最終なのに…

「秋山さん、はっきり言わせてもらうわね。自覚がないのは困るわ」

えっ？

「ビジネスをするということの自覚が足りなさそうね」

そ、そんな…

「ま、希望の仕事ではないってことは、私にもそんな時があったからわからないでもないけど…でもね、この仕事に半端な気持ちでいられては困るの」

そんなつもりで言ったわけじゃ…

「とはいっても、こういうパンフレットは、秋山さんみたいに、金融に馴染めない人達に読んでもらって、共感を得られなければ意味がないのよ。今の言葉を聞いて思ったわ。秋山さんを説得できなければ、どのお客さまにも納得していただけない」

どうしよう…

「秋山さんには、作り手として忘れていたことを気づかせてもらったわ。だからこそ、目の前の仕事に本気で向かって欲しいのよ」

どうしよう…山口さんに絶対叱られる…本田部長にも叱られる…


「アホか。学生じゃないんやから、クライアントにそんなこと言うなよ」

山口さんは怒ってる…

「自分で言った意味わかっとんのか？　エンタメに異動したいってことは、天野さんとの仕事も嫌々やってるっちゅうことや」

違う…そんなつもりじゃなかったのに。

「『まだ仕事に慣れてない』？　そんなこと普通言うか？　信じられへんわ」

「天野さんには正直に話したほうがいいと思ったんです…」

「それが理由か!?　そんなこと理由にならんわ」

そんなに言わなくても…

「金融は『ギラギラ』してる？　そういう世の中の印象を払拭するために俺らの仕事があるんやないか」

涙が出そう…

「ったく…」

そう言ってから沈黙…長い沈黙…だめだ。今日はトイレに駆け込む余裕がない。山口さんの前で泣いた。

「…あんな、もし、入社してすぐに好きなところに配属されたら、学生気分の延長になってしまうやろ」

そう言われても…

「ビジネスの厳しさとか、そういうことを肌で感じていくことが新入社員には必要なんや」

…。

「だから、早く成長するには第五が一番ええんやぞ」

…でも…

「…まぁ…第五も秋山が入ったことで明るくなったしな」

少し声が小さくなった。

「それに、秋山に言われてみてたしかにそう思う、っていうこともあったしな…」

まだ涙が止まらない。

「結局は若者としての秋山の意見が、天野さんには参考になったんだろうしな」

…うん…

「だから、第五の一員として自覚してくれよ。な、秋山」

叱られたんじゃなくて、励まされてる…？

山口さんが本田部長に報告して、最終校だったはずのゲラをもう一度修正することになった。そして、そのゲラを届ける時に部長が同行することになった。

いつものうらら銀行マーケティング部の会議室で天野さんが来るのを待つ。扉が開いて、本田部長、山口さん、私、同時に立ってお辞儀。また叱られる…頭を下げたままともに天野さんを見ることができない。

まず修正後のゲラを山口さんが天野さんにお渡しして、確認してもらう。

「はい。これで結構です。この冊子は秋山さんのおかげでできたようなものよ」

と天野さん。

本田部長が言う。

「これからも秋山には御行の担当をさせます。クライアントさまに育てていただくことで、最も成長できると思っております。秋山は、お客さまを楽しくさせる仕事がしたいと言って入社しました。その発想は第五部の仕事に一番必要だと考えてウチの配属にしました。天野さん、これからも鍛えてやってください」

本田部長が私をそんな風に考えていたなんて…

「では、これからも遠慮なく言わせていただきます」

天野さんが答える。

「企業が顧客を失う理由って、ほとんどが従業員の顧客に対する無関心な態度だと思うんです。お客さまの満足を高めるための一番の近道は、自分のことに置き換えて考えることだと思います。秋山さんは、それが自然にできる。ビジネスパートナーとして、これからもよろしくお願いします」

自分に置き換える…。言われて気がついた。私は第五が嫌だったから、その気持ちが天野さんにも伝わっていたのかもしれない。私のせいで、ミヨシ広告がうらら銀行という大切なお客さまを失うところだった。天野さんはそれを私に教えてくれたんだ。

こんな私が天野さんのパートナー…ビジネスパートナーになれるのかな。

会社に戻る途中、部長と山口さんが先を歩いていく後ろでこっそりよっちゃんにメールした。

よっちゃん、今日、クライアントに「あなたはビジネスパートナーだ」って言われたの。

私、自信ないよ…

どういう意味だと思う？

すぐ返信が届いた。

パートナーシップって、共同して事業を営む、ってことだよね。クライアントといっても、理念を共有して一緒に仕事していく、ってことじゃない？

なっちゃんは、私達が、将来のことを考えて準備するための仕事をするんだね。

会社に戻って、もう一度天野さんに渡したゲラを見ていたら、第一の内村さんと中野さんが来た。内村さんは、今日も水色シャツに水玉のネクタイ。中野さんも、この間と同じ、ピンク色シャツにネコ模様のネクタイ。

フロア入口の私の席の後ろを通って、隣の山口さんのデスクに来た。山口さんはまた席を外している。

「お、グチヤマはまたいないな。今日も研修か？」

だれにともなく聞くから、私が答えた。

「さっき、うらら銀行さんから戻って、今ちょっと離席中です」

「銀行か」

「はい。投資についてのパンフレット制作の案件で」

私が答えると内村さんが言う。

「投資かぁ。なんだかうさん臭いよな」

中野さんが合わせるように答える。

「そうですよね。相場が当たればいいですけど、外れたら大損しますからね。怖いですよねぇ」

いかに投資が怪しいものか言い合う。

二人の話を聞きながら、香坂さんと打合せした時、香坂さんが言っていたことを思い出した。

〝目指していることは、相場の変動に一喜一憂しないで、着実に資産を積み上げていく「静かな投資者」を増やすこと〟

そのためにお客さまに提供すべき情報は、マーケットの見通しというより、投資の必要性、長期・分散投資の重要性、そして投資啓発だと思うって。販売方法は、少ないお金でより多くのお客さまに安心感と利便性を理解していただける自動投資積立。

変化に柔軟に対応するためには、基本がしっかりできていることが重要だ、って。

内村さんと中野さんが言ってることとは違う。

私は意を決して立ち上がった。

「あの…うさん臭いって言うの、やめていただけませんか？」

二人とも「おっ？」という顔を私に返した。

「投資って大切なんですよ。日本では、若いうちから老後のために資産を形成していく必要性が高まってるんです。いかにして若い人達が、退職を迎えるまでに資産を積み上げていくか、そして積み上げたものをいかに長持ちさせるかってことが大切なんです」

自分でも不思議なくらい言葉が続いちゃう。

「そのために、金融資産の確保の必要性に気づいてもらって、必要な投資の基本知識とか、投資の方法について情報提供するクライアントのお手伝いがウチの仕事なんです。世の中に必要なことなんです。うさん臭いっていうイメージは間違ってますっ。そんな風に言わないでください」

…一気に言ってしまった…二人とも驚いた様子で私の顔を見てる…私の体はちょっと震えが…

沈黙を破るように、

「…内村さん、山口さんはいないし、とりあえず戻りましょうか」

と、ネコネクタイの中野さんがバツが悪そうに言った。二人でフロアを出ながら、

「…あれは新人か？」

って、水玉ネクタイの内村さんが言ってるのが聞こえた…

山口さんが戻ってきていきさつを話した。また怒られるかと思ったら、

「ええんやないか。俺はいつもなんとなく話を合わせてしまう。俺の悪いところや。本来は社内の人間によくわかってもらわないかんな。秋山、よう言うた」

…まだちょっと震えてる…でも、第五はうらら銀行と一緒に仕事をする部署。私は第五の社員！

7
なっちゃん、はい上がる

エピローグ　〝あまったお金はない〟けれど、未来のために今できること

今日は、天野さんにオレンジ色の資料の色校正をお届けする日。「色校正」っていうのは、ゲラの修正が終わって、印刷前に資料の色調をみてもらうためのもの。今日は山口さんと二人で行くことになった。

天野さんは1ページずつ丁寧に見てる。最終ゲラのOKはもらったけど、天野さんが真剣にパンフレットを見てる様子には緊張感が漂う……

「ええ、いいわね」

よかったぁ。隣で山口さんもほっとしてる様子。

「うらら銀行さんがこんなにセミナーを開催したり、パンフレットを作ってるなんて知りませんでした」

「秋山っ」

山口さんがまた制するようにささやく。

「何もウチだけではないわよ。他の金融機関でもそれぞれ行っているわ。金融機関の場合は、商品の宣伝っていう面が強いことも事実だけど、投資についての啓発活動こそが重要なのよ。たとえば、ファイナンシャルプランナー、略してFPっていう資格はご存知？」

たしか、山口さんが勉強してるって言ってた資格だっけ。

「FPは、顧客である個人や中小企業の相談に応じて、顧客の資産に関する情報を収集・分析して、顧客のライフプランやニーズに合わせた貯蓄、投資、保険、税務、不動産、相続・事業承継等についてのプランの立案と、アドバイスを行う、資産相談に関する専門家のことをいうの」

ファイナンシャル・プランナー…私に、自分のお金のことプランニングできるかな。でも、将来のために必要なこと。

「それに、投資信託協会といって、投資者保護のための規則を制定したり、規則がしっかり守られているかどうか調査する機関があって、投資者に投資信託の理解を深めてもらうための活動をしているわ。初心者向けのガイドの刊行とか、ウェブ上での情報提供とか」

天野さんは続ける。

「投資信託協会といえば、二〇〇八年に発刊された投資信託懇談会の報告書で、これからの金融サービスについてはこんな風に言ってるわ」

天野さんは持っている冊子を広げて見せてくれた。黄色でマーカーされている個所がある。

『さらなる少子・高齢化の進展が予想されていることから、老後生活を念頭に入れた金融サービスへのニーズはより強まるであろう。また、少子・高齢化を背景とした公的年金制度の財政悪化問題は、家計に対して自助努力による老後に向けた備えの必要性を意識させる。このような意識は若い世代ほど強く、これまでよりも長期運用の重要性が高まる可能性がある。長期運用を前提とし、若い世代を対象とした商品の開発は、投資信託保有層の多様化にもつながる。…現在の投資信託は克服すべき様々な問題を抱えているが、その優れた商品性から、家計が求める金融サービスにもっとも迅速かつ柔軟に対応することができるものである』

若い世代を対象…投資信託は家計が求めるサービスに最も対応できる…

「私達販売会社や、投資信託を運用する運用会社についてはこんな風に指摘してるの。ここを読んで」

『投資信託購入の窓口である販売会社の能力向上は、家計のニーズの的確な把握や、家計による投資信託の商品性や中長期の運用力を重視する姿勢を強め、結果として運用会社の商品開発力や運用力の向上にも良い結果をもたらすであろう』

「お客さまに最も近いのは販売会社だから、販売会社がお客さまに応じたアドバイスができるように、もっと力をつければ、それに応じた商品の開発や改良を運用会社にも提言できて、商品力のアップにもつながると思うのよ」

販売会社が乗り越えなければならない大きな壁があるんだ…

「秋山さん、『KYC』って聞いたことある？」

「KYC…ですか？」

KYなら、はじめて山口さんに同行した時に、私が天野さんに聞かれるまま素直に答えたその帰りに言われた『空気を読め』の略だけど、それにCがつくと…C…シー…しーっ…

「『空気を読んで黙ってなさい』ってことですか？」

「秋山っ」

山口さんがさっきより大きな声でささやく。

「秋山さん、やっぱり面白いわね」

そんなつもりは…

「KYCってね、Know Your Customer の略よ。『お客さまを知る』ってこと」

「略語は苦手なので…」

「秋山、そんな言い訳ないやろ」

山口さんは、空気読んで黙ってろ、って言いたいのかな。

「私は、販売会社の役割って、『コンサルティング営業の実践と顧客ポートフォリオの適正化を実践していくこと』だと思ってるの。『貯蓄から投資へ』の流れが進むなかで、販売会社の課題は、適切なコンサルティングによって、お客さま一人ひとりの投資経験や投資意向を反映したきめ細かいポートフォリオの提案や継続的なお客さまへのフォローアップによる関係強化なのよ」

ふぅん。自分のことを知るために、販売会社の人とよく相談するってことかな。

「なかでも投資信託の販売会社は、資産形成、資産運用の一つの手段として、合理的で高度な仕組みである投資信託を、『いかにわかりやすくお知らせするか、投資の必要性について理解していただくか』、これこそが投資信託の販売会社が担うべき役割なのよ」

商品が売れればいい、っていうわけではなさそう…

「金融商品は目で見て手で触れることはできないし、認識の限界があるじゃない」

たしかに、見えないし、触れられないもの…

「金融商品の魅力を直感的に体得することはできないのよね。つまり、説明がないと理解できないもの。そのための説明、販売なのよ」

ただ仕組みがわかっただけでは商品の選択はできないかも。損失になることもあるなら、販売する人を信頼できないと後で後悔しそう…そんな人に出会えるならいいけど…そこが、金融サービスの難しい一面でもあるのかな…

「投資に伴うリスクって〝不確実性〟のことだけど、語源はね、ラテン語で『勇気を持って試みる』って意味なの」

へぇ、そうなんだ。

「若い人は『リスク』の意味を〝危険〟ととらえずに、積極的に投資に向き合って欲しい。でも一人でリスクに立ち向かうのは難しいかもしれない。だから、私達のような金融機関は、商品の説明をするだけではなくて、ファイナンシャルメンターとしてお客さまに心の安らぎを提供していくことも重要になってくると思うのよ」

ファイナンシャルメンター…心の安らぎ…たしかに、結果を受け入れるには、まず自分で納得しないといけないよね。将来を託すには、まず自分で納得できないと踏み切れないから、気持ちを共感してくれる人に説明してもらいたい…

「個人にとって、退職後の準備のための資産の形成期間は、10年とか20年とか、秋山さんなら40年以上でしょ。とっても長いのよ。これは短期で収益をあげなきゃいけないプロと決定的に異なる点。だから、お客さまには現役の間に、自分で稼ぐ収入も考慮に入れて、将来のための資産配分の提案をしていく必要があるわ」

資産形成を考えるってことは、ライフプランを考えるってことなんだね。

「投資信託の運用の結果は、損失も含め、すべてお客さまが引き受けるのよ。だからこそ、販売・運用する側にも責任がある。その責任というのは、いわば、顧客との信認関係だと思う」

うん。信頼できる人に相談したい。

「いかに、顧客から信頼される仕事ができるか、プロとしてベストを尽くすか、よね」

天野さんは、自分の会社のことだけではなくて、日本における投信販売のあるべき姿というか、将来像を描いているみたい。

ライフプランと投資の重要性に気づいてもらうための広告…うらら銀行のためというより、そういう理想を実現するための仕事って考えて、広い視野を持たないと。投資信託は、資産形成、資産運用の一つの手段で、合理的な仕組みを持っている。それをどうやってわかりやすく伝えるか、投資の必要性について理解してもらうか、これが販売会社が担う役割。そのためのツールを一緒に作っていくのが私の仕事。

20代、30代の若い人が退職後のことを考えるのって、結構難しいことだけど、どうやって資産を積み上げていくか、考えないといけない。よっちゃんは将来のこと考えてたけど、私は第五で働くまでぼんやりしてた。雲をつかむようなことだった。投資するお金なんて余ってない、と思ってた。

でも、漠然とその時期を待ってちゃだめなんだ。それは『若さ』という時間の力を無駄にしてしまうことだから。将来の安心を手にいれるために、今、積極的に準備する。失敗もあるかもしれないけど、若さがあれば取り戻せる。目的を持って投資を考えることで、将来を変えるんだね。

私は、長い時間をかけて投資ができる。本田部長が言ってた。「坂道を登る場合、一定のスピードで上るとしたら、先にスタートしたほうが、より高いところまで早く辿り着く」って。複雑な投資をしなくても、少しずつ、将来の準備をする方法の一つが投資信託。それに、積立っていう方法なら、タイミングを気にしないで、じっくり投資ができる。このことをみんなに知らせたい。

パンフレットを見て多くの人が楽しく旅行したくなるように、金融機関の資料を見たみんなが、積極的に自分の資産運用を前向きに考えて行動するような、そんな資料作りのお手伝いが第五の…ううん、私の仕事。

会社に入って出会った人達は、みんな、自分の仕事を精一杯考えて、自信を持って仕事してる。私、そうなれるかな。

とにかく、坂道を登り始めなくっちゃ。

私だって今がスタート！

おわりに

エンターテイメントや食品分野を希望して広告代理店に入社した新入女子社員〝なっちゃん〟が、意に反して金融機関の担当になり、見ること聞くこと未知の分野で仕事をしていく奮闘記にお付き合いくださりありがとうございました。

わが国では、個人の資産形成、資産運用における自助努力の必要性が叫ばれています。また、金融資産の一番の保有目的は「老後のため」となり、高齢化が進むことや年金制度への不安を反映したものといわれています。でも、そのために行動している若い人は、ほんのひとにぎりの人ではないでしょうか。

「手段」としての金融商品のノウハウではなく、そもそも、なぜ投資が必要なのか、そのために、まず、知っておいていただきたいことは何か、そんなことのヒントになればという思いで本書をまとめました。

女子のみなさんには、若さを武器にして、早く資産形成に目を向けていただきたい、早く始めてゆっくりと。より良い将来のために。

また、資産形成において、投資信託の役割、可能性は、大きなものがあります。若い人達にとって、投資信託がますます身近なものになって欲しいと願っています。

本書の執筆にあたってご協力くださった女子のみなさん、ありがとうございました。今日も広告代理店で金融機関担当として頑張っている女子、物理学の深い知識を持って日々の仕事に向き合っている女子、看護師として患者さんに優しく寄り添っている女子、彼女達にお礼申し上げます。

この本の意義と構想を共に考え、よすがとなってくださった方、ありがとうございました。また、執筆を見守ってくださった方々、ありがとうございました。ことに、日本証券経済研究所の杉田浩治氏には、貴重なご教示、ご助言をいただきました。感謝の意に堪えません。

最後に──本書は、株式会社きんざいFinan編集部の鈴木英介さんの支えによって書き始めることができ、書き終えることができました。企画に多大なご尽力をくださり、一行一句にいたる丁寧な編集の労をいただき、心からの感謝を申し上げます。

二〇一三年一月

ゆうちょ銀行　青山直子

［参考文献等］

江口行雄『投資信託発展史論』1961年6月　ダイヤモンド社

北山雅一『ファイナンシャルプランナーのためのアセットアロケーション入門』1999年7月　近代セールス社

バートン・マルキール／井出正介訳『ウォール街のランダム・ウォーカー（原著第10版）　株式投資の不滅の真理』2011年6月　日本経済新聞出版社

大庭昭彦『行動ファイナンスで読み解く投資の科学　〝お金は感情で動く〟は本当か』2009年3月　東洋経済新報社

田村威・杉田浩治・林皓二・青山直子『八訂プロフェッショナル投資信託実務』2012年11月　経済法令研究会

バートン・マルキール、チャールズ・エリス／鹿毛雄二・鹿毛房子訳『投資の大原則　人生を豊かにするためのヒント』2010年11月　日本経済新聞出版社

ジョン・C・ボーグル／林康史監訳・石川由美子訳『マネーと常識　投資信託で勝ち残る道』2007年8月　日経BP社

青山直子『ゴローちゃんの投信コールセンター日記　ゆうちょ銀行・郵便局の投資信託販売3』2009年12月　経済法令研究会

山岡道男・淺野忠克『アメリカの高校生が読んでいる資産運用の教科書』2008年10月　アスペクト

青山直子『心にひびく、のこる　投信販売力が身につくコンプライアンスAnswer』２０１１年12月　きんざい
野尻哲史『老後難民　50代夫婦の生き残り術』２０１０年６月　講談社
投資信託懇談会『「投資信託懇談会」報告書』２００８年３月　投資信託協会

著者
青山直子 あおやま なおこ

野村證券、公認会計士事務所、FP教育会社を経て、1998年野村アセット・マネジメント投信入社。野村アセット投信研究所、野村アセットマネジメントを経て、2009年10月よりゆうちょ銀行勤務。日本証券経済学会会員。早稲田大学ビジネス情報アカデミー講師。CFP®。
主な著書に、『八訂プロフェッショナル投資信託実務』(共著)『投資信託の商品がわかる―ゴローちゃんのコールセンター日記2―』『ゴローちゃんの投信コールセンター日記～ゆうちょ銀行・郵便局の投資信託販売3』(以上経済法令研究会)『銀行窓口の法務対策3800講』(前田庸他監修　共著)(金融財政事情研究会)『心にひびく、のこる 投信販売力が身につくコンプライアンスAnswer』(きんざい)など。

女子にあまったお金はない
なっちゃん、涙の配属日記

2013年2月14日　第1刷発行
著者　　青山直子
発行者　　冨川　洋
印刷所　　大日本印刷株式会社

〒160-8520 東京都新宿区南元町19
発行・販売　株式会社きんざい
編集部　TEL 03 (3357) 0762　FAX 03 (3355) 2252
販売受付　TEL 03 (3358) 2891　FAX 03 (3358) 0037
URL　http://www.kinzai.jp/

ISBN978-4-322-12194－0